ドイツの地方都市はなぜクリエイティブなのか

質を高めるメカニズム

ドイツ在住ジャーナリスト
高松平藏

Kreativität zur Steigerung der Stadtqualität

Heizo Takamatsu

学芸出版社

はじめに──400年間「最新」であり続けるまち

エアランゲンというまち

筆者の住むエアランゲン市はドイツ南部のバイエルン州北部の自治体である。州都ミュンヘンから北へ200キロほどのところにある人口約10万人のまちだ。同市はほぼ平地で77平方キロメートル。フュルト市（人口約11万人）と第2の州都といわれるニュルンベルク市（人口約50万人）が隣接している。

ドイツの行政区はいくつかの種類がある。州ごとに異なるのでやや複雑だが、バイエルン州においてエアランゲン市は「郡独立都市」という行政区分である。同州の場合「基礎自治体」に相当する自治体が2056ある。多くが71の「郡」に属しているが、郡に属さない都市「郡独立都市」が25。エアランゲンはその25のうちの一つで、基礎自治体の中で独立性の高い行政区分といえるだろう。

またヨーロッパ、とりわけドイツでは一般にStadtmitte（都市の中心市街地）があり、その多くは中世都市の要素が残っている。中世都市の要素とは都市を囲む城壁があり、その中には教会、市役所、市場、広場などがあった。エアランゲンも、もともと市壁に囲まれていた範囲がおおよそ現在の中心市街地であり、取り壊された市壁の跡も残っている。

今日のエアランゲンを見ると、大学町であり、グローバル企業のシーメンス社の医療開発部門がある。市も経済政策として医療技術を推進しているが、医療関連のみならずハイテク関連にも強い。たとえばデジタル音声データ形式の代表ともいえるMP3もエアランゲン市内のフラウンホーファー研究所で開発された。労働市場の状況も安定しており、1人あたりのGDPは7万7622ユーロ（2014年）。ドイツの平均GDPの3万6000ユーロ（2014年）を大きく上回る。

経済のみならず、文化も充実している。ヨーロッパの多くのまちでは文化フェスティバルが行われるが、エアランゲンも同様に、毎年「詩人の祭典」という文学フェスティバルが開催され、2年ごとに「国際コミック・サロン」と人形パフォーマンスの「フィギュアフェスティバル」が開催される。福祉関連の施設や活動も数多く展開され、観光地ではないものの、一言でいえば文化的で落ち着いた雰囲気の小さな都市である。

時代に合った経済を生みだし、都市を発展させる

ドイツの都市は独立性が高い。地方分権型国家という制度がそれを支えているが、それだけで

はない。都市そのものが独自に発展する力を持っているようだ。エアランゲンでも、都市発展の波があるが、まちが衰退しそうな局面になると、「次のカード」で興隆してくる。

まずは17世紀。30年戦争が終わってみると人口は激減し、まちはボロボロになっていた。戦争終結から20年後、エアランゲンを治めていた貴族は、フランスで迫害されていたプロテスタント系の教徒に居住権を与えた。フランスからやってきた彼らは帽子、手袋、白なめし皮などをつくる、当時の最新技術を持っていた。その結果、輸出志向型の経済が発展した。しかし19世紀初頭、中欧の再編成などの影響で伝統的市場を失ってしまう。19世紀末には最後の帽子工場も閉鎖された。

ところが、エアランゲンの北部には小高い丘があった。そこに冷蔵貯蔵庫のトンネルをたくさんつくり、19世紀半ばには18社がビールを製造する「ビール・シティ」として発展した。しかし、冷蔵技術の発展で、エアランゲンの優位性は20世紀初頭に後退する。

また、エアランゲンは大学町としても知られているが、19世紀半ば過ぎ、エアランゲン大学の機械エンジニア、エルヴィン・モーリッツ・ライニガーらが電子医療や物理装置の製造を開始する。これが今日のシーメンス社の医療部門に発展する。大学が設立されたのは18世紀半ばだが、その約130年後、大学の人材がスピンオフしたという感じだろうか。20世紀前半には電気計測器や世界初の光露出計が販売されるなど「ハイテク都市」としての萌芽が見られる。

また、19世紀半ば過ぎからガス、電気などのエネルギー供給の整備が始まる。この半世紀ぐら

100年以上前に建てられた、シーメンス社の医療部門の前身となる電子医療機器会社の工場
(©SiemensAG Medarchiv)

工場をリノベーションし、2014年にオープンした医療ミュージアム。他にもエアランゲン市の文化・余暇局のほか、市民アーカイブも入っている

ミュージアムの窓の内側には昔の工場時代の写真が展示されている

いの市長の代表的な仕事を見ると、上下水道や公共交通、主要道路など、インフラ系の整備が進められているのがわかる。とりわけテオドア・クリッペル（在職期間1892〜1929年）は工業化を進めた。37年という在職期間中、企業家たちと一緒に都市をつくっていった。

20世紀半ばになると、モータリゼーションが本格化する。市街地に自動車が走り、広場は駐車場になった。また戦後、空襲で廃墟となったベルリンからシーメンス社が拠点を求めて、エネルギーや知的インフラの揃ったエアランゲンに移転してきた。これで一気に人口が増加し、経済発展に至った。

そうすると今度は環境汚染が問題になり、当時の市長ディトマー・ハールベーク博士（在職期間1972〜96年）は自然保護、自転車道などの交通政策に着手した。経済発展と伴走するかのように「環境都市」へと舵を切った。

その後、東西ドイツ統一によって、一時景気も良かったが、やがて後退する。老舗企業が倒産したり、シーメンス社も医療技術などの部署を残して、他市へ移転してしまった。そこで前市長シーグフリード・バライス博士（在職期間1996〜2014年）が「医療・健康都市」を掲げた。自転車道を健康都市戦略の一部に位置づけるなど、環境負荷の低い「最新の都市」として発展させている。

都市の発展には広い意味でのクリエイティビティが求められる。すなわち、次のビジョンを描けるか、それを実行する戦略と勇気があるかにかかっている。それを担保しているのが都市の課題をオープンに、パブリックに議論できる機能であり、自治の力だ。エアランゲンは400年にわたって都市をアップデートし続け、質を向上させてきた。本書ではそんな創造性が生まれる都市の生態系を解説していく。

なおドイツの地方自治のしくみは州によって多少違いがあるのだが、エアランゲン市の場合、上級市長（1人）と市長（2人）というポジションがある。本書では「市長」と「副市長」という書き方で進めていく。

目次

3章　コンパクトシティのアクティビティ　57

4章　まちと成長する企業の戦略　81

デンマーク
バルト海
北海
ハンブルク
オランダ
ポーランド
ベルリン
ドイツ
ボン
フランケン地方
ベルギー
フランクフルト
エアランゲン
チェコ
フュルト
ニュルンベルク
バイエルン州
フランス
ミュンヘン
オーストリア
N
スイス
0
100km

1

ドイツのまちの捉え方

1　都市のクリエイティビティは人口規模に比例しない

労働市場が群を抜いて充実しているまち

エアランゲン市は人口約10万人だが、２０１５年夏以降、シリア等からの難民を約１３００人（２０１６年6月時点、市人口の２％弱）受け入れている。難民に拒否反応を示す人も少なくないが、２０１５年1年を見ても、市長や市民イニシアティブ（まちのために積極的な活動を行う市民グループ）が「人間の尊厳」「反人種差別」などを掲げる集会やデモを断続的に行い、「良心のシグナル」を出し続けている。こういう倫理的課題とまっすぐに向きあえることも、都市の質の高さを示しているといえるだろう。

しかし、冷静に見れば、こうした難民の受け入れをできるのは、市の財政にゆとりがあるからこそとも思える。たとえば同市の1人あたりのＧＤＰは7万７６２２ユーロ（２０１４年）と、ドイツの平均ＧＤＰ3万６０００ユーロ（２０１４年）と比べてもかなり高い。２０１５年末に発表された経済誌『Wirtschaftwoche』とシンクタンク・ケルン経済研究所による都市ランキング調査でも、都市の将来性を測る「未来インデックス２０３０」で第2位だ（次頁の表参照）。特に

都市	総合ランキング	各分野のランキング		
		研究分野の強さ	未来の工業	創造的業務
ダルムシュタット	1	6	1	4
エアランゲン	2	1	2	41
ミュンヘン	3	5	9	6
イエーナ	4	3	5	46
ハイデルベルク	5	8	14	3
シュトゥットガルト	6	4	11	16
カールスルーエ	7	14	3	10
ドレスデン	8	9	23	7
ヴォルフスブルク	9	2	4	69
レーゲンブルク	10	15	6	23

「未来インデックス 2030」トップ 10
研究分野に強みがあり、高度な情報技術を反映させた製造業「インダストリー4.0」への準備ができているといった点がエアランゲン市のランキングの高さにつながった（ケルン経済研究所と『Wirtschaftwoche』誌による「都市ランキング 2015」をもとに作成）

労働市場に関するベンチマークではトップ。ドイツの失業率が約7％であるのに対し、エアランゲンは4％以下。10万人の都市に職場は9万程度あるのだ。前市長のシーグフリード・バライス博士は在職期間中、筆者の取材に対し「職場をつくること、これはあらゆる意味で社会的だ」と述べていた。またドイツのある雑誌のインタビューでも労働市場の充実と失業率の低さを「重要なファンダメンタル（基礎的条件）」と強調していた。

産官学が協力しあう都市づくり

この経済力の源は、戦後、グローバル企業のシーメンス社が同市を一拠点にしたことにある。これによって生まれた雇用も大きいが、特徴的なのは「工場」ではなく、エネルギー関係や医療分野の研究開発拠点であることが大きい。また、エアランゲン大学の存在も見逃せない。19世紀末に同大学の研究員が創業したのが、レントゲンなどの電子医療機器の会社だった。これがシーメンス社の医療機器部門の始まりで、今日でも同社と大学の関係は密接だ。

こういったエアランゲン市民の技術革新志向は長年にわたって引き継がれ、１９８０年代にベンチャービジネスを支援するインキュベーター（孵化器の意）がつくられる。２０００年代には、医療技術に特化したインキュベーターもできた（4章4節参照）。また、フラウンホーファー研究所など複数の研究機関もある。他方、２０１５年に同市が発表したデータによると、就労者が義務的に支払う社会保険の統計では、健康・社会福祉分野が16％、そして自由業も含む知識・技術分野は14％を数える。大学進学を前提にした高等教育の学校へ進学する生徒の割合は4割以上だ。

外からの刺激も多いようだ。同市には年間23万人を超える訪問者がいるが、30％は外国からだ。同市は観光都市ではないことから、ビジネス・学術関係の訪問者が多いと考えられる。ちなみにエアランゲン大学には１２５カ国から学生が学びにきている。

加えてシーメンス社もエアランゲン大学も、健康・医療都市政策など市の政策に協力することも多い。経済分野のみならず、文化や福祉、教育などの分野でも産官学のパートナーシップを築いている。「内側の知識分野への投資」「外からの刺激」「産官学のパートナーシップ」に支えられた研究開発型経済の生態系が、エアランゲンには醸成されている。

余談めくが、エアランゲンに社交ダンスのスクールが2カ所ある。ドイツでは、趣味・社交の場として社交ダンスが幅広く定着しており、あるスクールは10人の教師を雇用している。アシスタントを入れると雇用者はもっと多い。まちの経済がしっかりしていると、こういう生活に必ず必要なものではないが潤いを与える分野の雇用も増えるという好循環が起こる。

ドイツの地方都市からわかるのは、都市の質は人口規模と決して比例しないということだ。

2　まちを捉える鳥瞰的思考

ユニークかつ緻密な統計調査の功績

仕事柄、連邦政府や州政府、それにエアランゲン市の統計資料にしばしば目を通すが、当初その充実具合に驚いた。

エアランゲン市の統計・都市調査局（以下、統計局）は、「人口予測」「人口構造の変化」「エアランゲンの人々」「経済と交通」「建築・住宅」「選挙と国民投票」「市内の地区の社会構造」といった項目の統計をネットで閲覧できるようにしている。項目だけを見ると、日本の自治体でも行っている統計とそれほど変わらないと思われるかもしれないが、かなり細かい統計調査を行っている。たとえば人口に関するものでいえば、外国人の市民の数、出身国などが詳細に整理されており、さらに地区別の人口密度や年齢構成、世帯の種類、失業者数といったデータが並ぶ。

また毎年発行される統計年鑑には、人口から経済、環境、社会福祉、文化、交通、教育、安全性、選挙、そして公共交通などの料金までまとめられている。水道やガス、電気などは市が所有する地元のインフラ供給会社が供給しているため、それらの料金も並ぶ。エネルギーの地産地消

情報、助言、協力	・公式統計の結果と行政業務からのデータ準備 ・情報（照会に対する回答） ・公開 ・使用者の教育と助言 ・都市を表現 ・部局、局長、議員、州政府・他の都市の統計局、外部機関との協力 ・インターネットでの提示
住民と建築物	・建築物のデータ ・建設統計 ・住民データ：基礎データ、転入出データ、出産・死亡データ ・人口計測 ・人口予測 ・世帯関係
選挙	・選挙区の分布 ・結果発表 ・選挙レポート ・選挙統計
空間参照システム	・市内の区域の構造 ・地理情報システム ・テーマ別地図
調査	・賃貸価格 ・年次市民アンケート調査

エアランゲン市統計局のタスク（同市ウェブサイトより作成）

エアランゲンの統計局はかなり頻繁に調査を発表している。写真は「自転車交通」（左）と、「ライフ・イン・エアランゲン2014年版」（右）。ここでは歩行者ゾーン、モビリティ、生活満足度、ビール祭り、電子行政に関する調査結果がまとめられている

を地でいくドイツの都市らしい統計といえるだろう。

さらに「現在の統計」として随時さまざまな統計調査を行っている（前頁の表参照）。「エアランゲン市民の生活満足度」「安全の認識（治安に関する調査）」「公共交通のサービス」「省エネ型建築への移行状況」「自転車交通の安全性」「行政は市民にとって親切か」「市内の清潔度」「ショッピングシティとしてのエアランゲン」などバリエーションに富んでいる。２００５年に市営のプールを売却するかどうかの市民投票が行われたが、その詳細な投票結果なども公表されている。

そもそも統計学では、ドイツは先駆的な国の一つだ。ドイツの統計学は国状学として、国そのものの状態を把握するために生まれたものでもある。たとえばエアランゲン市が位置するバイエルン州では18世紀に最初の統計調査書がつくられている。当時は内務省が行っていたが、１８３２年には統計局という独立した部署ができている。その約60年前の１７７０年にバイエルン全域で初の国政調査が行われている。エアランゲン市は１９５０年代から統計業務を開始。70年代初頭に独立した部局が設立された。同局のソフィア・シュースターさんによると、さまざまな統計は政治家の取り組みに大きな手がかりを提供することになり、これまでも街路の清掃や図書館の改善などにつながったという。

ところで、ドイツの地方都市は規模に関係なく、元気なところが多い。その理由を簡単にいえば、自分たちのまちのことを自分たちでやっていこうという基本的な考え方と、そのための制度

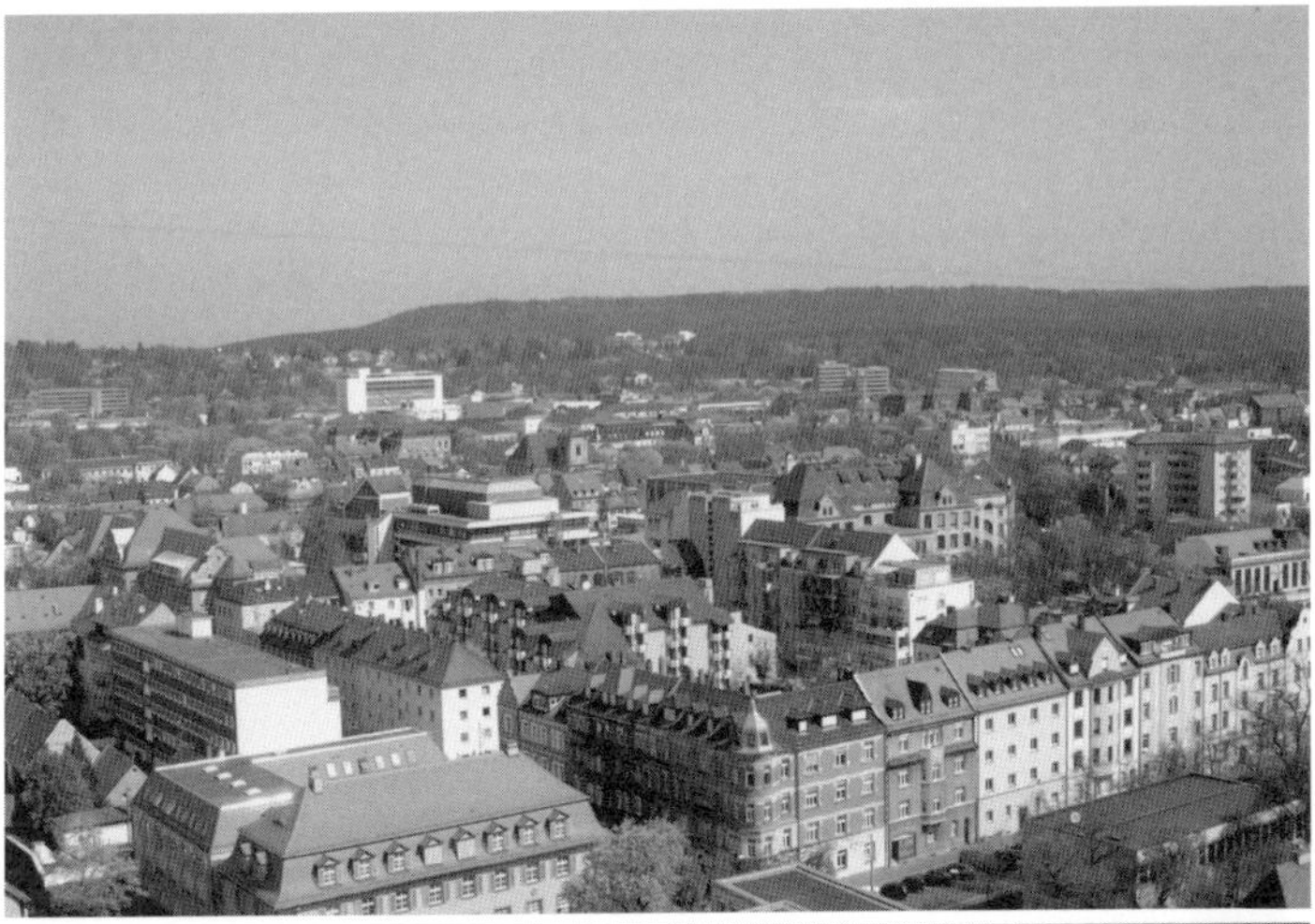

上：ドイツの都市は鳥瞰的視点で捉えられている。写真はエアランゲン市街
下：市壁に囲まれた都市は元祖「コンパクトシティ」。今日、市壁は撤去されているところも多いが、依然、高い求心力を持っている。写真の地図はエアランゲン近隣のシュワバッハ市（人口４万人）のもの

市壁よりもさらに巨大なニュルンベルクの市街を囲む「城壁」。今日では観光資源としても活用されている

があるからだ。もちろん、これは一朝一夕にできたものではないが、その要因の一つとして、まちを鳥瞰的に把握しようとする思考傾向が強いことが指摘できる。その思考傾向をある種オフィシャルに実現しているのが、行政による統計といえるだろう。

「壁」が生みだした鳥瞰的思考

日本とドイツでは、まちそのものをどのように捉えるか、という視点が異なっているように思える。一言でいえば、ドイツはまちを「鳥の目」で捉える傾向が強く、日本は「蟻の目」で捉える傾向が強い。日本のまちづくりの成果がピンポイントになりやすいのは、さまざまな理由があるだろうが、基本的には鳥瞰的な捉え方が弱いところに原因があるのではないだろうか。

ではドイツの鳥瞰的な視点がどこから来たのか、歴史的な経緯を考えると、その一つの理由が「壁」である。ドイツのたいていのまちは市壁でぐるりと囲まれ、その原型はローマ時代にまで遡ることができる。つまり壁に囲まれた空間は人が生活し、経済活動が営まれた大きな「タコツボ」だったといえるだろう。もちろん、今日ではまちが膨張し、市壁もなくなったところがかなりあるが、今日でもドイツ語で「まち（＝市街地）へ行く」という時は「（壁のある）まちの中に入る」というような表現が使われる。

市壁のあるまちは、ただ壁があって、中身は行き当たりばったりにつくられたわけではなく、様式があった。まちの真ん中には広場があり、市役所や教会、薬局が並ぶといったもので、これが一つのプロトタイプといえるだろう。ドイツの旧市街地は、こうしたプロトタイプの構造がそのまま残っている場合もあるし、たとえば市役所が移転していても、建物はほかの用途に流用されながら現存しているケースも多い。

さらにドイツのまちには中世から「都市法」があった。都市法には、交易権やギルド結成権から自治権や課税権などに至るまで明示されていた。まちを、市壁という物理的な空間と、法律という抽象的な文書で定義し、鳥瞰的に見る態度が人々の間で長年にわたり共有されてきた。

実際にエアランゲン市のさまざまな政策はこうした鳥瞰的な視点で組み立てられているものが結構ある。たとえば景観などはその最たるものであろう。また、地域の経済構造をリサーチし、ポテンシャルのある分野を組み直して、新たな産業クラスター（房の意）を展開することにも鳥瞰的視点が欠かせない。

3　ドイツ流社会的市場経済

自由市場経済任せにしない、世話焼きな経済

ドイツにいると、社会的（sozial、ゾチアール）という言葉を見聞きしない日はない。選挙ともなると「ゾチアールにもっとカネを！」といった言葉が躍る。

近代になって、市場経済が発達するが、同時に利益のみが優先される社会が出てくる。それに対して登場するのが「社会的」という概念で、貧困や失業、労災など、個人の責任とは言い切れない曖昧な問題を顕在化させた。いうなれば金儲け社会に優しさを組みこもうというもので、戦後のドイツの政治・経済の文脈にも流れている。ドイツが「福祉先進国」「生活大国」「労組の強い国」などと描写されるのも、社会的国家であるためだ。

では具体的に何をもって「社会的」なのだろうか。まず経済について、戦後ドイツは「社会的市場経済」という体制をとる。後に首相となるルードヴィヒ・エアハルトが連邦政府の経済大臣時代（１９４９～１９６３年）に推進し、社会が経済システムをコントロールし、富の再分配と社会的公正を実現しようというものだ。需要と供給に任せておけばよいという自由市場経済とは

一線を画す。富の再分配に関連させていえば、貧困対策、年金・失業保険などの社会保障といった分野も入ってくる。そして、そういった分野に関するシステム、法律、組織、取り組みといったものが「社会的」という概念と重ねられる。

「福祉」とどう違うのかだが、福祉は王様が下々の者へ与えるものというイメージが根底にある上、ナチス時代に「福祉」という言葉は盛んに使われた。そんなことから「福祉国家」という言葉はドイツではあまり好まれない。

「社会的」というのは上から降りてくるものではなく、1人1人が当事者で、お互いに協力しあう。その核になっているのが、「連帯」という概念だ（7章5節参照）。

旧西ドイツで戦後、社会的市場経済を推進した経済大臣時代のルードヴィヒ・エアハルト

都市にも「社会的」なものが充実していなければならない、という強迫観念めいたものがドイツにはあるように感じる。エアランゲンでも、福祉施設はいうに及ばず、貧困者向けに期限切れの食品を安く販売する店、あるいは失業者を雇用するための中古家具修理・販売施設などもずいぶん前からある。また協同組合銀行（4章1節参照）の社会的支援の一つに、若者の職業訓練先を探すプロジェクトというものがあるが、これも失業者を増やさない取り組みだ。

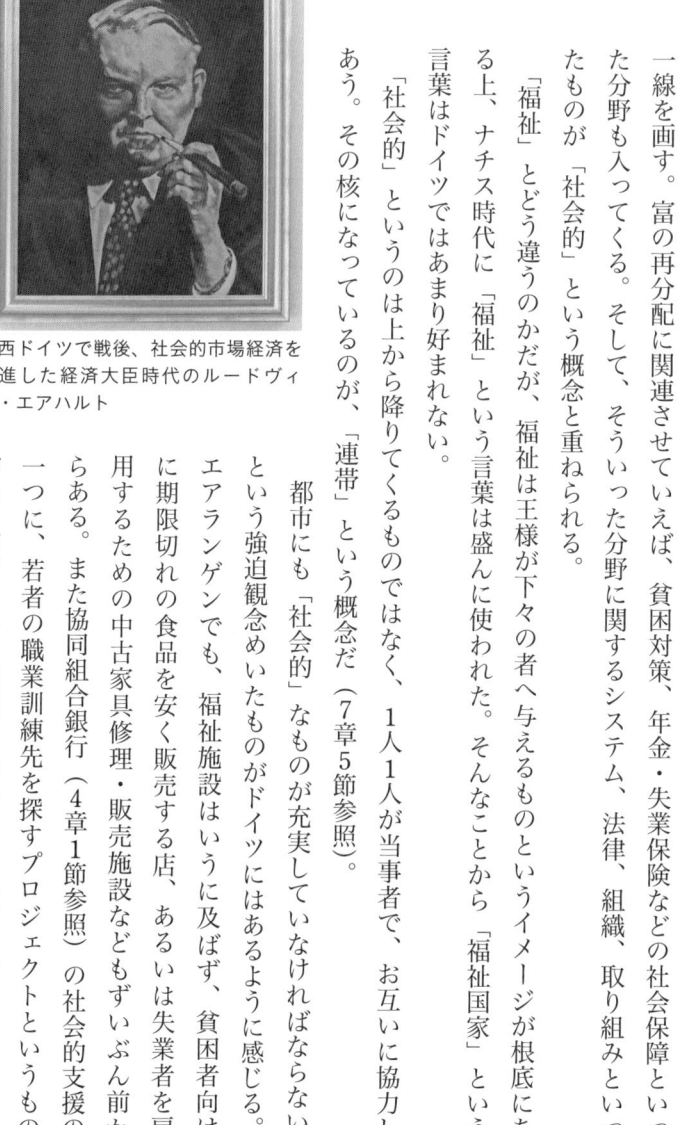

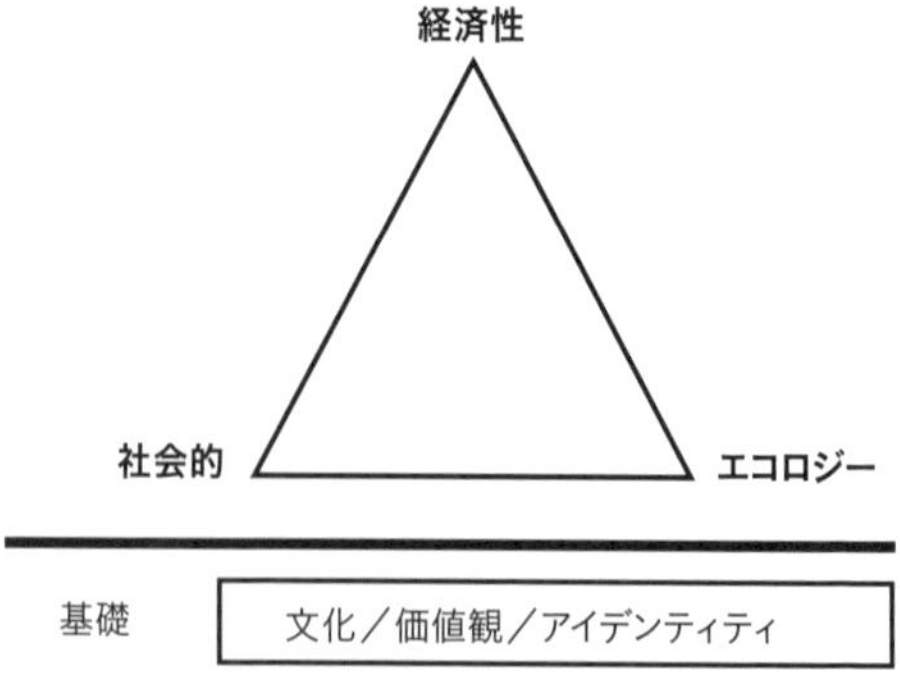

エアランゲン市の都市計画・建築局による都市戦略図

「社会的」思考が生まれた背景

エアランゲン市の都市計画・建築局が公開している「都市戦略―目標設定としての持続可能性」を見ると、日本とドイツの政治や行政の考え方の違いがよくわかる。この都市戦略はおおまかに二層に分けて整理されている。

基礎部分の上には、経済性、エコロジー、社会的の三要素が含まれる。この「社会的」は前述したように、シンプルにいえば相互扶助のありかたを方向づけ、社会保障の領域にまたがる概念だ。都市化と工業化が極端に進み、社会が人間性を排除しひどい状態になった19世紀に、この概念がクローズアップされた。人々の生活環境を健康的なものにする社会運動などに展開され、資本主義経済をクリティカルに見るのに使われたり、SPD（ドイツ社会民主党）の誕生につながった。

そのような経緯から、ドイツでは「社会的」という考え方が通奏低音のように浸透している。政治的には社会保障の充実を志向し、一般的には人間性の排除を防ぐ、ある種のブレーキのような役割を果たしている。

それから、基礎部分には、文化、価値観、アイデンティティが挙げられている。エアランゲンの取り組みを見ていると、こういったものが共有され、大切にされているのがよくわかる。もっとも、文化や価値観、アイデンティティというのは諸刃の剣で、捉え方によっては排他性を強めることになる。そこには寛容性を備えなければならない。特に後に述べるように、居住外国人や外国のルーツを持つドイツ人が増えると、これまでの狭義のドイツ人の枠組みとは異なる価値観や文化が新しく醸成されることになる。

エアランゲンの都市の質は、こうした二層構造によって支えられている。

2

クリエイティビティのエンジン

1 25%が外国にルーツを持ち、人口流動をまちの活力に

手厚い移住者の受け入れ態勢

スーパーへ買い物に行くときに「マイバッグ」を持つ習慣がドイツにはある。そのため布製の簡易バッグがちょっとしたインセンティブグッズ、つまりイベントなどで手渡されるおまけグッズに使われる。

もしあなたがエアランゲン市に引っ越して、市民課で住民登録をすると、市のロゴと13の言語で「ウェルカム」と書いてある「マイバッグ」を貰えるだろう。中身は「ウェルカム・セット」である。リサイクル用のゴミ袋、市内の地図、ボランティア参加のための案内、市営のミュージアム、図書館、プール、ローカルバスの紹介、地元紙のクーポン券、スポーツ・文化施設や教育機関へのアクセス案内、市の簡単な歴史や統計などが書かれた小冊子「エアランゲン・ポートレート」といった具合だ。

これらはすべてドイツ語だが、さらに8言語による住民登録の手続きから実際に住むまでのステップについて紹介したパンフレットが入っており、納税のためのカードをどこで得られるか、

自動車登録の場所、どこで文書の翻訳ができるか、といった情報が得られる。さらに「一時滞在」「永住」「亡命」と、理由に応じた問い合わせ先やドイツ語の習得コースの紹介などが掲載されている。ほかにもウェブ上で同市について紹介するビデオが8言語用意されており、閲覧することができる。

市民課でウェルカム・セットを持つヤニック市長(左)

こうした「ウェルカム文化」は２００５年に市議会で市の戦略とすることが策定され、２００７年から具体的プログラムに着手。「ウェルカム・セット」はその一つだ。「バーチャル」と「リアル」で、「新しい市民に対して、我々は歓迎しているということを見せたい」と、市長のフロリアン・ヤニック博士は意気込む。ウェルカム文化の背景にあるのは、外国にルーツを持つ市民を社会的にどのように統合していくべきかという議論だ。

人口流動が引きだす、まちのクリエイティビティ

エアランゲン市は人口10万人のうち約15％が外国人。彼らは約１４０カ国から来ている。帰化した人なども入れると25％が外国のルーツを持つ市民だ。ドイツ語では「移民背景」という言

葉で定義づけられている。

副市長エリザベート・プロイス博士と国際関係・統合担当のシルビア・クラインさんによる発案で『私たちはエアランゲン（Wir sind Erlangen）』という本が２０１０年に出版された。同書はエアランゲンに住む20カ国、30人の外国人の生活をレポートしたものである。働くためや勉強するために、あるいは難民としてエアランゲンに来た人がエンジニア、起業家、アーティスト、学者などとして活躍している。この中には市内の外国人諮問委員会（詳しくは後述）に参加するなど、「有名人」も多いが、各人のあまり知られていないエピソードが登場する。たとえばイスタンブールから仕事を求めてドイツに来た男性は、間違えてエアランゲン駅で降りてしまい、そのまま住みついた。エアランゲンとトルコのベシクタシュ市は姉妹都市だが、同氏はそのきっかけをつくった。

エアランゲン市は特筆すべき観光資源があるわけではないが、「オープンで発明・起業意識が高く、エアランゲンの文化・生活を体験した人は残りたがる」（同書）。人口移動の様子も面白い。毎年、人口の10％が市を出ていくが、同時に10％が新規で移住してきたり、あるいは一度出た人が戻ってくる。流入・帰還する人は、エアランゲンで何か新しいことをしようと積極的で、しかもよそでの経験を積んできている。こうした人口移動が、まちの活力を持続させている一つの理由かもしれない。

『私たちはエアランゲン』。20カ国、30人の外国人市民の生活をレポートした本

トルコ系市民のグループによるダンス。市営ミュージアムにおける異文化理解の催しの一幕

2015年2月、市営ミュージアムで開催された展覧会「ドイツのムスリム」の「エアランゲンのムスリム」というパート。同市に住むムスリムの人々の生活や活動についてインタビューし、それをもとに示している。展示されている写真の人物は同市で有名なカフェのマスター

エアランゲン市の歴史を紐解くと、節目で外国人の存在がまちを発展させてきた。その一つの象徴が前述したフランスのプロテスタントの一派「ユグノー」の受け入れだ。高い技術を持つ彼らの定住が新しい産業を生みだし、経済力を高めることにつながった。

外国人を積極的に受け入れてきた背景

一方、ドイツ全体を見ると、戦後の高度経済成長期の労働者不足を補うために、イタリアやギリシャ、旧ユーゴスラビアなどから「ガストアルバイター」と呼ばれる外国人労働者を迎え入れた。当初、外国人の滞在は期限付きで故国へ戻るはずだった。しかし、彼らは家族を呼び寄せ定住するようになった。なかでもトルコからの労働者が多く、トルコ系の市民がドイツ国内の外国人市民の中で多くなった。また、東西ドイツ統一後は旧ソ連や東欧圏から難民やドイツ系の住民が流入してきた。

以上のような経緯から、ドイツは次第に移民国家としての性格を強めていった。現在では移民の背景を持つ人が、ドイツの人口全体の約19％にのぼる。「移民背景」とは日本にない呼び方なので、少し触れておこう。①ドイツに居住している外国人、②ドイツ生まれの外国人、③両親のいずれかが外国人、④ドイツ国籍取得者、⑤先祖がドイツ人で外国から帰還した人。シンプルにいえば、外国になんらかのルーツがある人を指す。移民背景の人が19％ということは、伝統的な狭

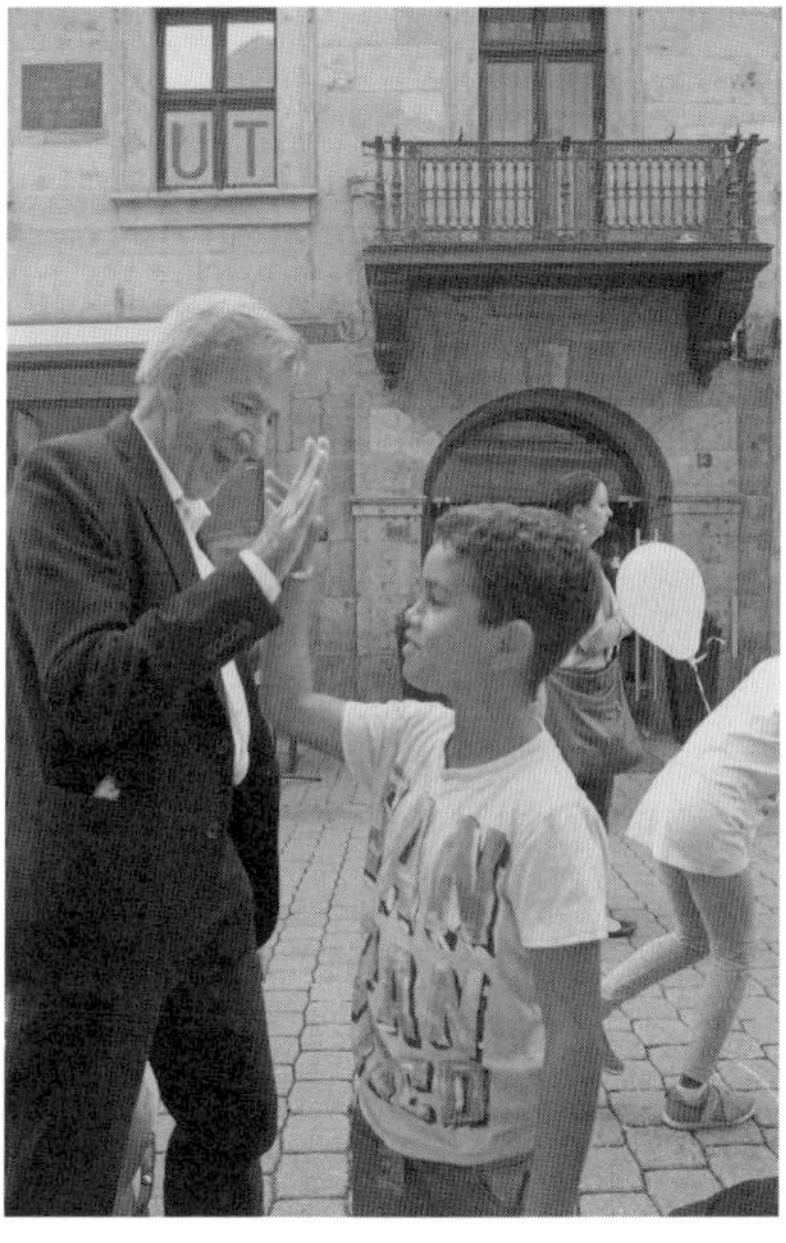

上:統合プログラムの一つ「多様性のためのコミュニケーション—ピクニックパーティ」。中心市街地の歩行者ゾーンに160メートルのテーブルが用意された。参加は自由で800名が交流し、楽しんだ
下:ピクニックパーティで、市議でもあるホセ・ルイス・オルテガジェラスさんと少年がハイタッチ。同氏はコロンビア出身のエアランゲン市民だ

義のドイツ人は81％ということになる。

さて、そのような状況のなか、１９７０年代からドイツのまちには「外国人諮問委員会」がつくられた。これは在住外国人の意見を地方政治に反映させる役割がある。エアランゲンの場合、１９７４年にできた。バイエルン州内では2番目で、現在の名称は「外国人・統合諮問委員会」という。２０１４年には40周年を迎えた。

一般に外国人や移民背景のある人は、宗教や生活習慣の違いからドイツ文化とぶつかることも少なくない。「仕事を外国人にとられる」という考え方から、外国人排斥を主張するネオナチなどが現れたりもする。またドイツ語の習得が不十分なため、限られた職業しか就けない、適切な教育が受けられないということも起こる。こういったことを背景に近年、ドイツ語習得の支援などの統合政策が進められている。

エアランゲン市の統合政策は、前述した「ウェルカム・セット」や実質、イスラム系女性を対象にしたスポーツプログラム「ＢＩＧプロジェクト」（5章2節参照）などがあるが、重要なのが、毎年行われている「社会統合会議」だ。毎回、異文化交流プログラムなど、社会的統合に関する取り組みを行っているフェラインのメンバーや市の担当職員、外国人・統合諮問委員会の委員たち、市長、副市長、議員、経済界、関心のある市民などが集まる。２０１６年1月に行われたもので8回目。この時は文化・教育を軸に講演、分科会、交流会が行われた。そもそも統合政策は経済・教育・環境・文化などあらゆる分野と関わってくる横断的なテーマで、縦割りでは動かない。そのため重要なのが、市役所の各局とのコーディネートを担う担当者の存在だ。

市の統合政策大臣とでもいうポストを兼任しているプロイス副市長は、「たとえばスポーツ・フェラインで外国人市民のトレーナーを増やすべき」と語る。フェラインとはＮＰＯのような非営利組織で（2章4節参照）、スポーツ・フェラインは伝統的に多くのドイツ人に親しまれており、日常的に健康・余暇・社交を担う。社会的にも一定の存在感・影響がある。旧来からあるこうした制度に外国人市民も参加すると、一つの社会的統合が実現するというわけだ。しかし、実際には外国人市民のスポーツ参加はまだ少ない。

また、ホワイトカラーが多いエアランゲン市でも外国人の市民の高等教育への進学者の割合は低くなる。それから経済的に困窮した人たちもいるが、市内の低所得者層向けの社会福祉住宅には、外国人市民がかたまらないよう配慮されている。外国人市民が多数派になった地域は同じ民族や国の出身者たちが自分たちだけのコミュニ

統合政策について熱く語るプロイス副市長。「(外国人への)寛容は都市の付加価値を高めることにもつながる」。同市は周辺地域における「ダイバーシティ（多様性）賞」も受賞している

ティをつくり「平行社会」化することもあるからだ。

そんななか、元ドイツ連邦銀行理事のティロ・ザラツィン氏が2010年に『ドイツは自滅する』という著書を出版した。内容は、イスラム系の移民の多くがドイツ社会に溶け込もうとしないばかりか、社会保障に依存しているため、ドイツがいずれ、移民のせいで自滅するというもの。これに対してドイツ国内では大きな反発を呼び、メルケル首相も非難した。しかし一方で、ザラツィン氏に賛同する人も多く、著書はベストセラーとなった。またバイエルン州首相ホルスト・ゼーホーファー氏（CSU党首）は、「ほかの文化圏からの移民は不要だ」と述べた。

こうした一連の論争を受けて、エアランゲンの市議会は、外国との友好活動を行う市内のフェラインに対して、外国人を歓迎し、文化間、宗教間の話しあいが大切であるということを強調する公開書簡を発表している（フェラインを対象にしたのは、具体的な取り組みを行うケースが多いからだろう）。

大学町であり、グローバル企業のシーメンスの拠点などがあるエアランゲンには、外国人といっても研究者やホワイトカラーが多い。また、失業率も低いので、負の外国人問題はそれほど目立たない。むしろ、才能が流入し、多様化がうまく機能し、都市のクリエイティビティが高まることもある。都市のポテンシャルを計測する調査「クリエイティブ・クラス」（2011年）では、ドイツ国内でトップに踊りでた（8章1節参照）。この指標ではアーティストや外国人など異なる価値観を持つ人たちが多いほど評価が高まる。

難民慣れしているドイツ

グローバリゼーションの時代、増加する外国系の市民の存在を「多様性」としてまちの活力につなげることができるかどうかが、まちの未来を左右する。

ただ、ドイツ全体の状況を見ると、常に移民や外国人の排除の動きはある。メルケル首相もドイツの多文化主義を「完全な失敗」と語ったこともあった。政治的には2013年に結成された右派政党「ドイツのための選択肢」は反移民を掲げ、じわじわと州議会の選挙で議席を獲得している。また「西洋のイスラム化に反対の欧州愛国者／ペギーダ」も存在感を増している。

2015年には中東・アフリカからこれまでにない大量の難民が欧州に殺到した。ドイツは以前からも難民を受け入れていたが、この年は100万人を超えた。エアランゲンでも学校の体育館が一時滞在場所となったり、数カ所でコンテナハウスがつくられ、ボランティアも募集された。エアランゲンにいる難民の数は、2016年6月の段階で1300人に及ぶ。

一方、難民に対して個人的に嫌悪感を示す人もいるが、ドイツ社会は「難民慣れ」しているようにも見える。というのも、大陸続きの欧州にあって戦争と難民はワンセットだ。戦争があれば難民が発生する。第二次世界大戦後にもエアランゲンの周辺地域には難民がやってきたし、エア

パリで起きた同時多発テロ事件への追悼が行われた。市役所から市街を行進し、広場で追悼を行った(2015年11月17日)

テロや難民流入を受けるかたちで、市役所前の広場で行われた集会。庇護権の原則、人間の尊厳と反レイシズム(人種主義)が確認された(2015年12月12日)

同集会でスピーチを行うエアランゲン大学学長のヨアヒム・ホーネッガー教授。世界に開かれたエアランゲンは新しいものに対する好奇心とつながっていると述べた。同大学には125カ国からの学生がいる

ランゲンに住む筆者の友人には3代前に難民としてやってきた、という人もいる。

こういった歴史があるので、企業の中には早々にドイツ語習得支援や職業教育プログラムの提供を始めたところもある。ドイツでは雇用をつくることは社会的な行為であるという考え方があるが、裏を返せば「雇用する価値のある人間」を育成した方が、社会的秩序が守られるという発想が働いているのだろう。人材育成とは社会的な課題なのだ。

多様性をプラスに変えて、都市の質を高めていけるか否か。これもまた、都市の創造性にかかっているといえそうだ。

2 産官学で地域資源を可視化する

知的好奇心をそそる「インフォテインメント」の誕生

エアランゲンと隣接するフュルト、ニュルンベルクの3都市で2年に一度、「科学の夜長」という興味深い催しが行われる。

ドイツではさまざまな組織や施設がドアを開放して人に訪ねてもらう、「オープンドア・イベント」というものをよく行う。主催側は知恵を絞って活動内容を紹介するパネルをつくったり、訪問者が体験できるようにしたり、軽い飲食ができるようにしつらえる。こうしたイベントは情報公開、説明責任、ワン・トゥ・ワン・マーケティング（観客に対する個別マーケティング）、地域リレーションシップなどの効果が期待される。ドイツの企業や施設・組織は拠点地域との関係を築こうとする傾向が強いが、オープンドア・イベントはそれを実践する取り組みの一つだ。

こうしたオープンドア・イベントのパッケージ・プログラムとでもいえるのが「科学の夜長」だ。「科学」をキーワードに3都市内にある大学、研究機関、企業、病院など130カ所が土曜日の午後6時から翌日午前1時まで一斉に門戸を開く。人々は12ユーロのチケットを購入すれば、

「科学の夜長」のチケットとプログラムの冊子(左)。冊子は約 290 頁ある(右)

どこにでも入ることができる。昼間は子供を対象にしたプログラムも組まれている。

企画・実行は地元のクルチュア・イデー社(ニュルンベルク)によるものだが、州や地元の銀行・企業からのスポンサリングも受けており、各市も応援している。半ば公的なイベントで、人気は高まっている。2003年の初回の訪問者数は1万2000人だったが、回を追うごとに増加。2015年は約3万人を数えた。70%が以前も参加したことのあるリピーターだ。また、18歳以上の参加者の8割以上が「良い」と評価している。年齢層を見ると20〜60歳が8割を占め、そのうち20〜30歳が最も多い。

それぞれの会場にはこの夜、イメージカラーである緑のライティングが施される。カタログは、A4を三つ折りにした持ちやすいサイズだが、300頁近くのボリュームだ。イベント会場である3都市内には巡回バスも運行している。

もちろん、門戸を開く側は、単純にドアを開放するだけでは

エアランゲン市内の大学病院で心臓外科手術の装置や技術について説明する医師

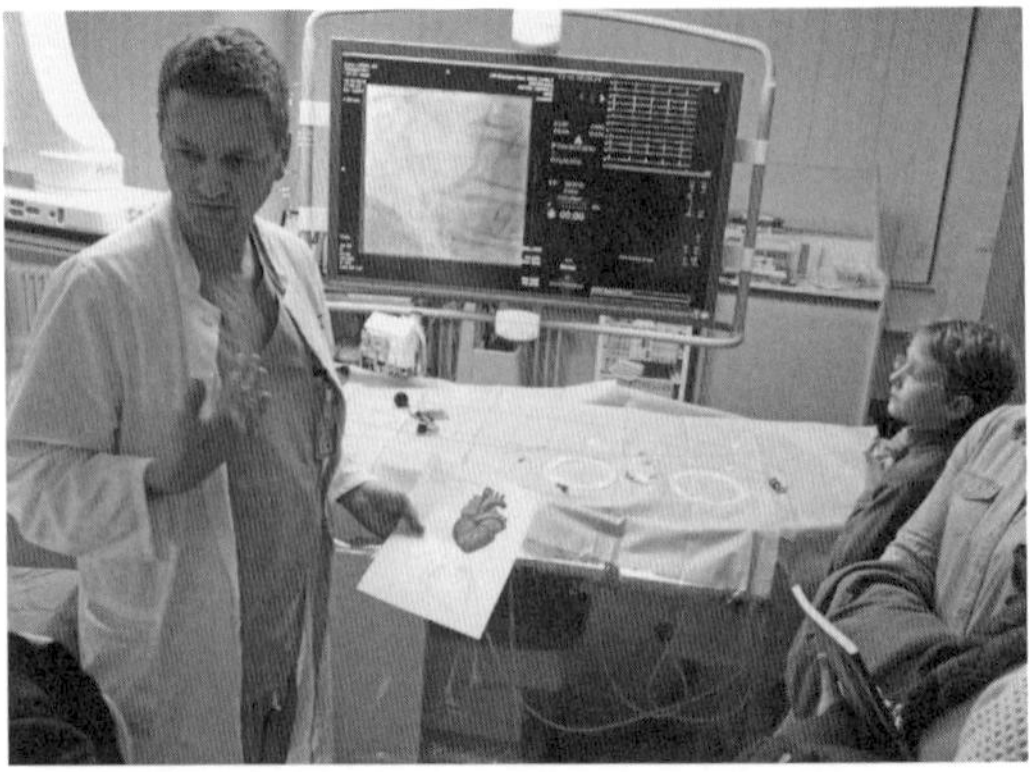

シーメンス社ではスポーツカータイプの電気自動車の試乗。ボンネットを開けて、技術面のプレゼンテーションも行われた

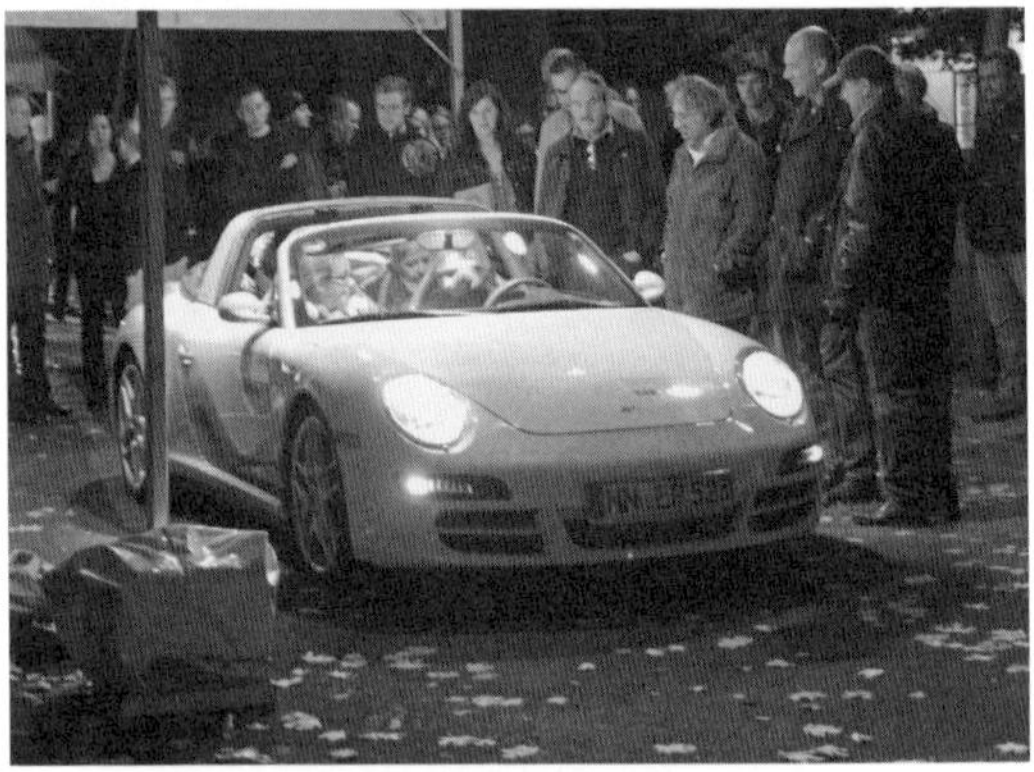

フラウンホーファー研究所ではサッカーのゴールを判定する装置のプレゼンテーション

ない。技術の紹介や体験ができるようにさまざまな趣向を凝らしており、そんなプログラムが750ある。たとえば大学病院では最新医療装置についての説明を医師自ら行ったり、人が通れるぐらいの消化器のモデルを設置したり、緊急医療装置の体験など、病院そのものがまるでミュージアムのようになる。また、シーメンス社のエネルギー部門では、スポーツカータイプの電気自動車の試乗コーナーを用意した。暗闇を静かに疾走する様子は近未来を感じさせるには十分である。MP3を開発したフラウンホーファー研究所でもさまざまな技術のプレゼンが行われ、とりわけ子供たちはサッカー場のゴールをセンサーで判定する装置に興味津々だ。

開催時間内にすべてを回るのは無理だが、それでも「地元にはこんなに科学があったのか」ということを十分に感じられる「インフォテインメント」なのである。文化といえばもともと劇場などのハイカルチャーが中心だったドイツだが、この10年で「イベント・カルチャー」という潮流が加わった。「科学の夜長」もその流れに乗ったものだ。

日常的な産学連携の成果

ニュルンベルクは大学と企業の共同プロジェクトに力を入れている。「この地方では大学と企業がよく協力しあっている」と、ゲオルク・シモン・オーム大学（ニュルンベルク市。以下、オーム大学）の学長、ミヒャエル・ブラウン教授は語る。同大学は企業との共同プロジェクトや、

オーム大学が企業と連携したプロジェクトの成果である電気自動車を「科学の夜長」でも披露。右端がブラウン学長

企業からの委託研究もかなりの数にのぼる。「(ニュルンベルクの位置する)バイエルン州内では一番多い」(同教授)。実際に学生が企業へ半年から1年程度赴く。そのため卒業後そのまま就職というケースも多い。学生にとってはプロジェクトを通して仕事を得る機会になり、企業にとっては最新の研究内容を知ることができるほか、プロジェクトを通して就職した学生は入社初期の社内教育は不要となり、双方にメリットがある。

日本と違い、地方分権型のドイツでは企業の一極集中がそれほどなく、ニュルンベルクやその周辺には国際的な企業も多い。ブラウン教授は「学生は同地域で働いても環境は国際的。なぜなら、この地域の経済の50%以上が輸出で賄っているからだ」と述べる。

エアランゲンはもともと大学のまちであり、フラウンホーファー研究所をはじめ、ハイテク関係の研究所も多い。また10年ほど前から「医療都市」という戦略を掲げ、医療技術専門のビジネス・インキュベーター(起業支援施設)などもある。また、3都市にはこうした最新のものだけではなく、伝統的な大学図書館やミュージアム、音楽の学校など、知的好奇心を満たす施設も数多くある。地元の人たちはそれぞれの都市にある程度イメージを持っている。しかし、実際に「科学」を旗印に集めてみれば、こんなにもあったのか、ということが科学の夜長で再発見できる。まさに地元の「科学」資源の顕在化である。

エアランゲン大学とオーム大学で開発されたロボットのコラボレーション。3人は各大学の学生

日本でも、金物や洋食器などのものづくりで知られる町、新潟・燕三条で、毎年秋に「工場の祭典」なるイベントが行われ、成功を収めているようだ。まさに、日本版の地域オープンドア・イベントである。ピンクの斜線ストライプという目を引くキービジュアルを広報ツールや会場設営に有効に使い、新しい産業観光、地域ブランディングの手法と捉えられている。ただもう一歩踏み込んで、もともとあまりにも「日常」になりすぎている各々の小さな営みをクールに、創造的に、可視化することで、観光やブランディングのほかに、地域のアイデンティティを強め、さらには地域資源の新しい創造的活用にもつなげる文化政策的な価値がある取り組みであることに着目したい。

3　余暇はボランティアに熱中する

ドイツ人のワークライフ・バランス

近年、「Sushi」「Manga」などそのまま国外で定着する日本語があるが、「Karoshi（過労死）」もその一つ。長時間労働を象徴する言葉だが、日本企業は被雇用者の命さえ保障できない労働環境と言っているようなものだ。こんな言葉を有名にしてはいけない。

一方、ドイツは短時間労働に加え長期の有給休暇がある。有給休暇と組み合わせてたっぷり1カ月休む強者もいる。日本とは対照的である。そんな具合なので、長期休暇＝バカンスをどう使うかということに人々の関心は高い。その一方で、期間の長さにかかわらず、自由に使える「可処分時間」をボランティアに使う人も少なくない。

ドイツ全体を見ると、14歳以上でボランティア活動をするのは人口の36％。経済規模でいえば240億ユーロに相当する。日本ではコミュニティ・ビジネスに注目が集まっているが、ドイツを見ると、すでにさまざまなコミュニティ・サービスがフェラインによって成り立っている。

地域の教会はボランティアを気軽にできる格好の場所だ。たとえば教会の庭でサマーフェスティバルが行われる。会場でバーベキューやケーキなどを調理・販売するのがボランティア。その収益は教会の運営にあてられる。エアランゲンの統計では教会関係のボランティアが最も多い。

フェラインが支えるコミュニティ・サービス

教会のほかにボランティアの場になりやすいのがフェライン（協会、ＮＰＯ、２章４節参照）だ。ドイツでフェラインが増え始めるのは19世紀。身分や職業を越えた同好の士の集まりであり、フラットな人間関係が築かれた。これは市民社会の成立に大きく影響している。人口10万人のエアランゲンにも約７４０のフェラインがある。分野も、国際交流から女性問題、趣味、福祉、環境、文化、防災などかなりの種類がある。19世紀から続く老舗から毎年誕生するニューフェースまで活動年数もさまざまだ。

つまり同市にはフェラインの代表だけでも少なくとも７４０人いるわけだ。もちろん運営のためには事務作業が必要だ。スポーツ分野ならばトレーナーなど専門的で指導的な仕事もある。イベントでは、当日だけ働くスタッフも必要だ。こうした代表職を含む諸々の仕事は経費や若干の報酬が出ることもあるが、専従は別にして、原則、無報酬。個人の時間と技能を提供している形だが、市民のコミュニケーションの機会をつくり、文化・福祉などを充実させ、それが都市の質の向上につながっている。

教会のフェスティバルで楽器演奏。これもボランティア活動だ

選挙活動を手伝う党員の男性。職場には休暇を届けて活動している

子供にボランティアでスポーツの指導をする男性

4　地縁に代わるフェラインというコミュニティ組織

歴史の長いドイツの「フェライン」文化

ドイツのＮＰＯに相当する組織を「フェライン」という。エアランゲン市のテンネンローエという村で、５月の週末、「フェライン・フェスティバル」が開催された。芝生が広がる彫刻パークに簡易のテーブルとベンチが並べられ、バンドが生演奏。会場ではビールやソーセージ、コーヒー、ケーキなどが楽しめる。ここを中心に12のフェラインが情報スタンドを立て、アトラクションやゲームなども行われた。

ドイツのフェラインの歴史は古く、創立１５０年以上はざらにある。もともと「協会」「クラブ」という定訳があるが、今日の日本の感覚でいえばＮＰＯと翻訳するとイメージしやすい。

このフェスティバルに参加したフェラインを見ると、ドイツにおけるフェラインとはどのようなものかわかる。村の中の森にある教育施設「森の体験センター」、サッカーやテニスなど八つの競技を扱う「総合スポーツクラブ」、「男声コーラス」、「アート」、野外教育を通した青少年人材育成活動の「スカウト」、ＹＭＣＡの英語名で知られる「キリスト教青年会」、「郷土と歴史」。教育やスポーツ、文化などさまざまなフェラインが運営されている。

さらに、日本人には馴染みにくいのが、毎年村で行われるビール祭りのフェラインだ。日本の感覚でいえば、地元の祭りの運営事務局が法人格を持っているようなものだ。それからもう一つが消防団だ。日本で祭りの実行委員や消防団といえば地縁組織だが、ドイツではフェライン、つまりNPOのような法人格を持っているわけだ。さらに消防車が格納してある建物の上には〝Rock up〟という若者のたまり場もある。日本の集落には「若者組」なるものがかつてあり、近代以降は青年団のような形で存在してきた。これらは地縁の教育組織で、〝Rock up〟とイメージは随分異なるが、共通するのは、地域の若者を対象にしているということである。そしてこれもまたフェラインの形態で運営されている。

村の合唱団や器楽演奏のグループもフェライン

やりたいことでつながる組織は地縁より強い

コミュニティにおける地縁組織とフェラインの違いは何だろうか。地縁組織はその土地に住ん

村の消防団もフェライン

でいる人がほぼ強制的に加入することが前提になっているが、フェラインの場合、メンバーは自由意志で加入・脱退ができる。つまり、地縁組織に対して「法人」として定義された抽象的な組織になっているわけだ。ドイツでも小さなコミュニティでは、皆顔見知りで安心感もあるが、ムラ的な息苦しさがまったくないわけではない。しかし、祭りや消防団、そして若者のたまり場までもが抽象化した法人格で運営されることで、より個人の自由意志が反映されやすいといえる。

さらに注目すべきは、フェスティバルの運営のために地元の事業体がスポンサーとなっていることだろう。パン製造販売会社、薬局、精肉店、弁護士事務所、歯科医院、印刷会社などスポンサー企業はローカル色豊かである。忘れてはならないのは、地元の銀行も名を連ねていることだろう。

自由意志で参加するフェラインは地元の人々の間に「信頼の網目」を構築し、強い社会を結果的につくる。ちなみにフェラインはドイツ全体で60万程度ある（日本NPOセンターによると、日本のNPOの数は2016年3月現在で約5万）。

5 都市連携はイノベーションのプラットフォーム

数万人の都市が集まり350万人の都市圏を形成

小規模の都市が多いドイツでは、人口10万人でも「大都市」と呼ばれる。そんなドイツで2000年前後から活発化しているのが都市の連携だ。ちょうどEUのように、各自治体が独立した状態でフラットな立場で連携する。エアランゲン市を含む周辺地域33の自治体で展開するのが「ニュルンベルク・メトロポリタン地域」だ。同地域は350万人規模となる。

都市の連携によって、ドイツ国内ばかりではなく、EUの中でも地域の存在感を高めようとしている。そのためのさまざまな共同プロジェクトが展開されているが、その一つが毎年夏に行われる「科学デー」だ。毎回決められる中心テーマに応じた講演や参加者が語りあうレセプションが開かれる。参加者は地域内の企業経営者や研究者、政治家などが多い。こうした交流は結果的に産官学の共同プロジェクトにつながる下地づくりになる。

科学デーは、毎回メトロポリタン地域内の自治体で開催されるが、2012年の6回目はエアランゲン市内で開催された。テーマは「未来の都市―地域の未来」。基調講演のほかに「エネルギー」「コミュニケーションの構造」「医療技術」「（外国人市民の増加を背景にした）文化の統合」「ファイナンス―グローバル金融危機と地方における生活」と五つのシンポジウムが組まれた。

講演では、環境政策が専門のＥＵ委員のギュンター・オッティンガー氏、バイエルン州内務大臣ヨアヒム・ヘルマン氏、シーメンス社取締役のシーグフリード・ルスブルム博士らが登壇したが、とりわけ強調されたのは研究開発をいかに強化していくかということだ。

「安い労働力ではなく才能の獲得が肝心」と講演するシーメンス社のルスブルム取締役

企業が欲しいのはイノベーションを起こせる人材

シーメンス社のルスブルム博士によると、１９７０年と２０１１年の同社の社員構成を比較した場合、当初は高等教育を受けた社員はわずか10％だったが、２０１１年には36％に増加している。企業経営には安い労働力を求めるよりも、たとえ人件費が高額でも能力の高い人材を獲得する方が重要というわけだ。

ドイツは日本と違い、経済の中心地が分散しており、各地域とそこに立地している企業の関係もかなり密着している。企業にも地元社会の文化や教育環境を充実させることが自社の競争力につながるという考え方が強い。こうした了解のもと、地域連携も単に規模を大きくすることが目的ではないことは明らかだ。

またニュルンベルクはかつて機械工業などが盛んであったが、産業構造の変化で往年の有名企業は撤退・縮小し、劇的に変化した。それに対して、バイエルン州のヘルマン内務大臣はイノベーションが起こりやすい環境づくりの重要性を強調する。「既存の中小企業や大学などと協力し〝科学立地〟としての条件を高めるべき。州もそのための予算を確保する」と語る。

ニュルンベルク・メトロポリタン地域のモットーは「創造のための故郷」。日本と同様、豊富な資源があるわけでもないドイツが経済力を伸ばすにはイノベーションが頼りだ。そのプラットフォームとして都市連携は今後ますます機能していくに違いない。

3

コンパクトシティのアクティビティ

1　歩いて10分のメインストリートが賑わう理由

ドイツの都市は元祖コンパクトシティ

日本では、中心市街地に生活に必要な諸々の機能を集積する都市政策、コンパクトシティの議論が継続的に行われているが、ドイツの都市は元祖コンパクトシティだ。というのも、中世に起源を持つ多くの都市は市壁で囲まれ、この市壁に囲まれた空間に教会から市場、市役所、薬局となんでも揃っていた。今日では、市壁の外にも都市が拡大しているところや、市壁が撤去され跡地しか残っていないところも多い。それでもなお、何でも揃う中心市街地の風格を残している。

エアランゲン市の中心地街地も市壁で囲まれていた範囲で、市全体からいえば、それほど広いわけでもない。しかし、メインストリートは車の乗り入れができない「歩行者ゾーン」になっており、二つの広場と連続している。そして歩行者ゾーンになった通りには、銀行、ギャラリー、小売店、レストラン、カフェ、図書館などあらゆるものが揃っていて、平日でも結構人通りがある。一番大きな宮殿広場の裏にある宮殿庭園では、天気が良い日には芝生に寝そべってくつろぐ人も多い。時々日本から都市計画の専門家などが筆者を訪ねてくださるが、案内すると、その賑

エアランゲンの中心市街地にある宮殿広場（上：1962 年、下：2012 年）
工業化とモータリゼーションの時代にはメインストリートに自動車が走り、広場は駐車場になったが（上）、70 年代から十数年かけて歩行者ゾーン化した（下）。現在は、石畳が敷かれ、クリスマス市場などが開催される（上の写真：当時の絵葉書より）

わいを見て、「本当に10万人のまちなんですか？」と驚かれる。

しかし、戦後のモータリゼーションの時代はこのメインストリートに自動車が走り、宮殿広場は駐車場になっていた。ところが、20世紀の終わりに長年かけて自動車を追い出した。そんなメインストリートの歩行者ゾーンを、エアランゲンの人々はどのように感じているのだろうか。

滞在を楽しむための道路

２０１５年に発表された同市統計局の調査「ライフ・イン・エアランゲン２０１４」によると（62頁の表参照）、評価のトップは「清潔さ」。次いで「飲食店の多さ」「ショッピングの快適さ」と並ぶ。さらに、「滞在したくなるクオリティ」「小売店の多様さ」「街路樹などの植物の豊かさ」。この調査結果からも、人々がメインストリートでショッピングや飲食、お喋りを楽しむ姿が浮かびあがる。

逆にどんなことに不満を持っているかというと、「子供が自由に遊べるスペースや公衆トイレが少ない」と指摘されている。メインストリートをまるで公園のように捉えているということがわかる。

このメインストリートの歩行者ゾーンは５５０メートルしかない。普通に歩くと10分もかからない距離だ。しかし素通りするためにわざわざこの道を歩く人は少ない。つまり、移動の利便性

上：賑わうメインストリートの歩行者ゾーン
下：自由に「交換」ができるミニ図書館が設置されている

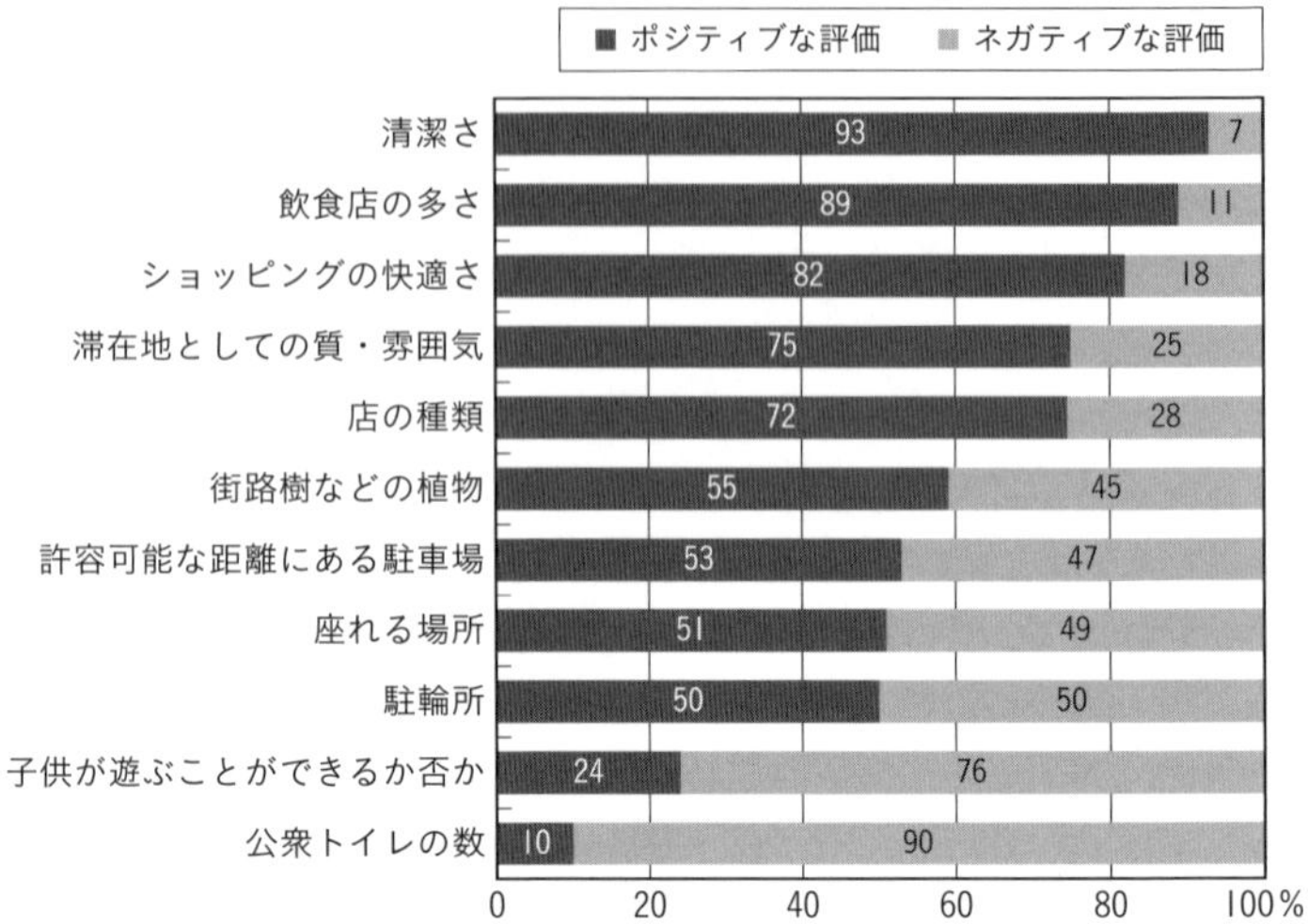

歩行者ゾーンの評価
人々は歩行者ゾーンを単なる移動するための道路と考えていないことが浮かび上がる(「ライフ・イン・エアランゲン 2014」をもとに作成)

を追求するためでなく、滞在そのものを楽しんでいる。移動のための道路をつくる発想とはまったく異なる目的で歩行者ゾーンはつくられている。

前述の調査によると、メインストリートの歩行者ゾーンに毎日行く人が19%、毎週最低1回は行く人が41%いる。単なるモノを消費する場所ではなく、過ごしたくなる快適さを考慮してつくられているからこそ、人々はこの通りに出かけたくなるのではないだろうか。

2　自転車交通は成熟社会を計る指標

誰もがどんな交通手段でも平等に利用できる社会

エアランゲン市は先駆的に自転車道を整備したことで知られ、その距離、約２００キロ。市内の道路の半分程度の距離に相当する。人口10万人のまちだが、天気の良い日は市内で２〜３万台の自転車が走ることがあるという。

１９３０年代以降、ドイツではアウトバーンの建設とともにモータリゼーションが加速したが、やがて環境汚染が深刻化した。エアランゲン市は40年前にそんなモータリゼーションからシフトした。１９７９年、当時の市長のディトマー・ハールベーク博士（在職期間１９７２〜９６年）のリーダーシップにより自転車道の整備が始められた。

着目すべきは、その手法。道路は信号や下水などがあり、行政的にはさまざまな担当部署の管轄にまたがる。そこで同博士は財務、警察、都市計画、不動産、土木、ドイツ自転車クラブといった道路や自転車に関わる部署・団体からスタッフを集めてプロジェクトチームをつくり、自らリーダーになった。これで迅速な問題解決と意思決定を可能にした。会社経営でいえば社長直轄

エアランゲン市内の自転車道

自転車道を整備した市長、ディトマー・ハールベーク博士。80歳を越えてもなお、自転車でまちを走っている

2014年に就任したフロリアン・ヤニック市長も自転車で走り回っている。前市長バライス博士も自転車通勤をするため、マイカーは売り払った

のプロジェクトチームといったところだ。自転車道は現在も整備が続けられ、プロジェクトチームは今も存続している。

これは、自動車が決して最先端ではなく、目的に応じて交通手段を使い分けるという交通政策の成熟化を意味していた。同時にこうした交通政策は当時の先進的な環境政策ともあいまって、90年代初頭にはエアランゲンを環境都市としてトップクラスの自治体に引き上げた。

ところで、自転車道といえば環境対策として見られることも多い。人間らしい都市をつくるというのがハールベーク博士の基本的な考えであり、それを実現する施策の一つが自転車道だった。つまり、徒歩、自転車、歩行者、自動車といった各交通手段を選んだ人が最適速度で安全に移動できるようにするという、「平等な交通システム」の構築が自転車道の目的で、一種の人権問題の側面があった。

人権問題としての交通といっても我々にはピンとこないが、自転車が誕生した近代社会の動きと重ね合わせるとわかりやすい。自転車の原型は1817年にカールスルーエに住むカール・フォン・ドライス男爵によって発明されたが、その後、改良が重ねられ、社会で普及する。興味深いのは、工業化による都市の発展にともない、数々の自転車関連の団体が出てくることだ。たとえば1896年に設立された「労働者自転車使用者の連帯」は労働者階級の移動と社会生活への参画を高め、スポーツも楽しめるようすることが目的だった。近代は「自由・平等・博愛」の実

毎年行われる自転車通勤キャンペーン。市長や市議会議員らがアピールする

現に力を注がれたが、自転車もその動きの中で位置づけられた。自転車が持つスピード感は20世紀初頭の近代社会にもよくなじんだ。

市、州、連邦あげて自転車利用を促進する

現代のドイツ社会で自転車は人々の生活に欠かせない。夏休みになると自転車を積んだキャンピングカーがアウトバーンを走る。また、子供を乗せるための小型の幌付リヤカーを牽引する自転車も多い。電車には、目的地まで自転車を運び、サイクリングを楽しむ乗客のための自転車専用車両さえある。またエアランゲンでは毎年、初夏に健康保険組織や自転車クラブが中心になって自転車で通勤を促すキャンペーンが実施されるが、最近は環境問題というよりも健康増進のために自転車利用がＰＲされる。

そんなエアランゲン市で２０１２年、フェライン「バイエルン自転車にやさしい自治体協会」の設立総会が行われた。同フェラインはエアランゲン市が位置するバイエルン州内の38の自治体で構成されている。２００２年に連邦政府が自転車の利用促進に力を入れ始め、２００９年に第

1回全国自転車交通会議をベルリンで開催。２０１１年に第2回目がニュルンベルク市で行われた。これに連動するかたちでバイエルン州内の自治体でも、自転車を利用しやすい条件を整える合意ができ、州も支援するかたちでフェラインが設立された。

フェラインの運営はエアランゲンで行われることになり、設立総会では同市の環境大臣に相当するポストのマレーネ・ヴュストナーさんが会長に選出された。ヴュストナー氏は日本でいえば局長クラスだが、行政マンではなく政治家である。自転車道に関して、同氏はビジョンやメッセージを明確に示せる立場だ。

「バイエルン自転車にやさしい自治体協会」の会長を務める、市の環境大臣マレーネ・ヴュストナーさん（左）とバイエルン州内務大臣ヨアヒム・ヘルマンさん（右）

一方、協会の実務には市の環境局の行政マンが就くが、ドイツでは日本のように市の職員の異動がないので、担当者は自転車交通の専門家だ。また、市内で活動する自転車クラブは40年前に自転車道をつくる時のチームの一員だった。地元企業もそのころ、会社に駐輪場を整備した。ドイツでは、職住近接のライフスタイルで自転車道が充実しているため、自転車の利用はごく普通になっている。

また、一般的に環境負荷をかけないモビリティの充実は、

上：森も自転車で。朝は通勤・通学の人も結構利用する
下：森の中には近隣の村や市までの方角と距離を書いた自転車専用の道案内の看板もある

地域社会の生活の質の向上につながるという考え方がある。サイクリングやウォーキングといったローカル・モビリティは騒音もなく、気候保全にもつながり、生態学的にも賢明。もちろん人々の健康につながる。

さて、協会の目的は日常生活の自転車利用やツーリズムをさらに促進していくことにあるが、州や他組織と共同での広報活動、プロジェクトの開発と実行、地元のサイクリング活動のネットワーキング、自治体間の情報共有やアドバイスなどを行う。設立総会ではバイエルン州内務大臣ヨアヒム・ヘルマン氏が「クロスコミュニティというコンセプトが必要」と、自治体間の協力関係の重要性を強調した。自転車交通の取り組みは、まち単位での取り組みからネットワーク化の段階にきたといえるだろう。

3　500万人がはまる都市農園の効能

100年前から続くクライン・ガルテン

「ここには豆を植えるつもりです」。

そう言って、汗を流しながら草を取り払うのはチンドリッチ夫妻。2人が耕している「庭」は100平方メートル。住宅街の真ん中にある四角形の庭はきれいに柵で囲まれ、その両隣や小路の向こう側にも別の庭がある。その数、合計30。庭には小屋が併設されており、シャベルや鍬などの道具が収められている。日本でも「クライン・ガルテン（〝小さな庭〟の意）」や「市民農園」として紹介されているものだ。

クライン・ガルテンの運営はフェラインによって行われており、人々はそこから土地を借りる。夫妻が借りている庭を所有するフェラインは1901年に設立され、エアランゲンで最も古い。賃料は水道もついて年間160ユーロ。ドイツ国内にはこうしたクライン・ガルテンが100万件程度ある。面積にすると4万6千ヘクタール、利用者数は500万人になる。エアランゲン市が位置するバイエルン州だけでも165の運営フェラインがあり、利用者数は4万8千人にものぼる。

こういう賃貸型の庭がドイツの都市の中にできてきたのは19世紀。工業化と人口増加が進み、都市の環境が悪化するなか、それに呼応するかたちで複数の都市で同時に登場した。その背景には、政治的思惑や労働運動、教育といったいくつかの文脈があるのだが、いずれにせよ、労働者や一般市民の健康、余暇の充実がその目的だ。

都市の社会的機能を高める庭

都市の緑化とは完全に人間が使いやすいようにした自然といえる。公園の芝生や木々、街路樹などはその代表格であり、クライン・ガルテンも都市の緑化を進める文化そのものなのだ。人々は都市という公共空間の中で公共の緑をつくりだしているのだ。そして着目すべきは、クライン・ガルテンのオーナーがフェラインということだ。

実際、クライン・ガルテンのフェラインの全国組織は「クライン・ガルテンは社会都市の一部である」と位置づけている。ちなみに社会都市とは都市への人々の参加を活発化し、経済の発展のみならず社会の質の向上にもバランスをとろうという都市のビジョンである。さらに同組織はクライン・ガルテンの現状の面積を維持し、できれば住宅街の近くで拡大して、将来はすべての社会層の人に庭を持ってもらえるように賃貸料をもっと安くしたいとしている。

上：エアランゲン市内にも複数のクライン・ガルテンがある。このクライン・ガルテンは1916年に設立された
下：仲よく畑仕事をするチンドリッチ夫妻

チンドリッチ夫妻のクライン・ガルテンは実に楽しげだ。他の「店子」が小路を歩いてくると、気軽に声をかけあう。友人や家族でバーベキューやお茶を楽しむこともある。夫妻の家はすぐ近所の共同住宅。庭がないため、クライン・ガルテンは余暇や交流のための大切な空間になっている。

4　まちの歴史にアクセスできる豊富なツール

ドイツに住んで取材を続けていると、日本との圧倒的な違いを感じることがある。それは歴史への執念とでもいうべきものだ。多くのまちは、歴史アーカイブを持っており、文書や歴史的に重要なものが蓄積されている。関連のフェラインもある。また歴史の本や写真集もよく出版され、エアランゲンの書店の一角は同市や周辺地域の本が並ぶコーナーになっている。

２００２年は同市の１０００年記念の年だったが、その時のプロジェクトで、まちの歴史上の記念碑的な場所に巨大な虫ピンと説明を書いたプレートがはめこまれた。記念年が終わると撤去されるはずだったが、好評を博し、２０１５年まで残されていた。そしてこれらの場所をまわるツアーも組まれたりしている。

まちの歴史で盛り上がるＳＮＳ

読者の皆さんの中にもfacebookを利用されている方も多いだろう。同サービスでは特定のグループをつくり、よりテーマを絞った交流が可能だ。そんなグループの一つに、エアランゲン市のまちの歴史的写真の投稿を目的としたものがある。２０１３年８月に同市内に住む男性が立ち上げた「エアランゲン歴史的写真 Erlangen Historische Fotos」で、みるみるうちに参加者が増加。2016年6月には2000人を超えた。

このグループの参加者が投稿する写真は、19世紀のものから30～40年ほど前のものが多い。素材も絵葉書や個人の古いスナップ写真などさまざま。古い写真を投稿し「ここ、どこかわかる？」と場所の特定に協力を求める人もいる。なかにはわざわざ記録のために撮影したのではないかと思われるクオリティの高い昔の風景写真を投稿する人もいる。そしてグループの参加者は「きれい！」といった簡単なコメントから、「子供のときに育ったところだ」といった個人的な関わりを披露する人もいる。

筆者にとってもこれらの写真は興味深い。聞いたことのある建物の昔の状態を確認できるからだ。またドイツの市街地は昔の建物が残り、景観にも配慮されているところが多い。そのため投稿される写真にも現存するものがかなりある。だからこそ写真に写った自動車や人々の様子から当時のまちの一端が比較的リアルに想像できるのだ。

「エアランゲン歴史的写真」のフェイスブックページ。2016年6月現在、参加者は2000人を超えている

エアランゲンの歴史アーカイブ。前市長のシーグフリード・バライス博士(左)は市長時代(在職期間1996〜2014年)の文書類をアーカイブに寄贈。またアーカイブで「時代の証言者」という対談を行っている。写真は元市長ディトマー・ハールベーク博士との対談

2000人のグループ参加者の顔ぶれを見ると、中高年の人が比較的多い印象があるが、興味深いのは市議や市長なども参加していることだ。2014年の選挙で市長になったフロリアン・ヤニック博士は30代。facebookは2009年から活用している。

こうした古いものを蓄積することに関心の高い市民がfacebookという21世紀のテクノロジーを使って盛り上がっているのが「エアランゲン歴史的写真」グループなのだ。

まち中が劇場化する演劇プログラム

エアランゲンの隣町フュルト市は人口11万人だが、こちらでも「歴史への執念」を思わせる取り組みがある。とりわけ多いのがユダヤ関係。というのも、同市はもともとユダヤ人の多かったまちで、ドイツ系ユダヤ人でアメリカの国務長官などを務めたヘンリー・キッシンジャーの出生地でもある。現在も270人ほどのユダヤ系市民がいるが、ヒトラー政権が成立した1933年当時は2000人程度が住んでいた。また、現在の市

営劇場は100年ほど前に市民の寄付でつくられたが、その多くがユダヤ系の市民からの寄付だった。まちの中にはユダヤの文化様式に沿った建物が今も数多く現役で残っており、住宅や店舗などとしてごく普通に使われている。

このような経緯から、東欧ユダヤ系の民謡がルーツになっている音楽「クレズマー」のフェスティバルが毎年開催されているほか、かつてのユダヤ人市民所有の建物を改装したユダヤ・ミュージアムなどもある。そんな同市で、「ユダヤの今」と題する演劇プログラムが上演された。上演の方法は、役者がまちなかのいろいろな場所で宗教やユダヤに関するテーマの小作品を演じ、観客が移動しながら観劇する。家族や友達といった身近なものから、神話や政治などさまざまな角度から、時には皮肉やお笑いをまじえたプログラムが特徴だ。

作品は市営劇場内のロビーで始まった。劇場運営責任者のベルナー・ミュラーさんが演台で挨拶を始める。すると聴衆の1人が突然、大声で異議を唱え、また別の人が応酬する。もちろん、これは役者による演技だが、一瞬観客はどきっとする。この後、劇場を出て、スタッフの案内でユダヤ・ミュージアムをはじめ、まちのいろいろな場所を回る。また、イスラエル文化会館では観客はテーブルにつき、ユダヤ教徒の食べ物であるクラッカー状のパン「マッツォー」とスープを実際に食べながら、役者がユダヤの食と文化をテーマに観客と対話式で話を進めていくといった具合だ。かれこれ4時間余りのプログラムで結構な距離を歩くが、常に知的好奇心がそそられ、

フェルトのまちのさまざまな場所を舞台に上演される「ユダヤの今」。歴史と現在が演劇を通じてつながる

「ユダヤの今」の一幕

フュルト市にあるユダヤ・ミュージアム。ここも「ユダヤの今」の会場になった

驚きがある。

まちの求心力の育み方

ドイツの自治体には独立性の高さが目につく。その理由は連邦制という制度的な裏付けが大きいが、行政的・政治的な権限だけが強ければ独立性の高さが実現できるというわけではない。重要なことは、まちそのものが求心力を持っているかどうかだ。言い換えれば、まちの人々が自分の住むまちや地域に対して愛着や誇りを感じているかどうかだ。歴史、つまりまちの成り立ちを執拗に確認しているドイツでは、「まちの自意識」とでもいうものが育まれ、まちの質を高める土壌になっているといえるだろう。

ドイツでは「郷土愛」「郷土保護」といった言葉が概念化され、政治や文化の文脈で用いられている。故郷に対する「思い」は本来、感情である。しかし概念化されることで、政治や文化の文脈で議論が可能になるわけだ。

外国にルーツを持つ市民が増えている今日、「郷土愛」のかたちもまた変わってくる。まちの求心力を議論するとき、こうした人々のまちに対する愛着や誇りをどうアップデートしていくかがカギになるだろう。

4

まちと成長する企業の戦略

1　金融の地産地消に取り組む銀行

地域コミュニティと密接につながる銀行

ドイツには協同組合銀行「ライファイゼン・フォルクスバンク」（以下、ＲＶバンク）という協同組合をルーツとする地域密着の金融機関がある。ＲＶバンクの地域での取り組みは、一言でいえばスポンサリングだが、その分野は芸術、スポーツ、青少年、社会の4分野に分かれる。

まず芸術に関しては、賞を設けている。賞金は２０００ユーロ。この芸術賞はエアランゲンの芸術フェラインと協同で行っている。

「遊びながらスポーツ」というプログラムもフェラインとタイアップして幼稚園で取り組んでいる。子供の運動不足解消を目的にしたものだが、実際に指導しているのが市内のスポーツ・フェライン。ＲＶバンクは２５００ユーロを同フェラインに支援した。

青少年を対象にしたものは、年間の予算が1万ユーロ。学校が何かのプロジェクトを行うときに同行に応募。審査員が支援の可否を決める。日本の学校は全日制で、学業のほかの文化やスポーツまでクラブ活動でカバーすることになるが、コントラストをわかりやすくすると、ドイツは基本的に午前中で授業は終わり、学校が引き受けているのは学業のみというイメージだ。それゆえに「創造性を目的としたプロジェクトを行う場合、学校はさまざまなサポートを必要としている」と、ＲＶバンクのマーケティング担当、ガブリエレ・シュティーフラーさんは言う。ちなみに同行から助成を受けるのは毎年20校程度。演劇、サーカス、ビッグバンドといったプロジェクトが並ぶ。金額も２５０～２５００ユーロと結構弾力的に分配している。

エアランゲン市内に建つライファイゼン・フォルクスバンク

銀行が地域をスポンサリングする理由

次に社会へのスポンサリングだが、ドイツで使われている「社会」は、日本のそれと少し違う概念だ。ここでは「福祉」「社会保障」といったカテゴリーにあるものと捉えていただきたい。同行ではこの分野に2万ユーロの予算をつけている。たとえば、若者のために職業訓練（インターン）先の企業を探すプロジェクトや、福祉施設に自動車を寄付するなどを行っている。また13の福祉組織に合計1万ユーロを寄付している。

こうした経済的支援について、シュティーフラーさんは「個人主義が強すぎると社会が冷たいものになってくる。それらを補正していくようなプロジェクトにサポートしたい」と述べる。19世紀に興隆してきた市民社会と信用組合が共有している原理が生きており、それがまちと銀行を結びつけているように見える。もちろん現代の協同組合銀行は市場経済との関係も深く、マーケティングなどの手法も経営に取り入れられている。こうしたスポンサリングも部分的に広告費等で予算を捻出している。

「地元との関係は強い」と言う、RV バンクのマーケティング責任者、ガブリエレ・シュティーフラーさん

他方、「人々の間で銀行は当然支援するものというイメージも定着しており、そのためプレッシャーも強い」と、シュティーフラーさんは述べる。「しかし、当行はこの地域で経営を成り立たせているので、この地域に還元しなければならないという考え方がベースにある。ギブ・アンド・テイクです」と言う。地元で地域社会の質を高める動きと銀行の支援が循環している、一種の金融の地産地消のような姿がそこにある。

2　500年前から続く地ビールと地域ブランディング

美味しいビールがつくられる土地柄

ドイツといえばビール。しかし、昨今の健康志向で、実はドイツのビールの消費量は下降気味。それでも地ビールの地元消費は根強い。

エアランゲン市が位置するバイエルン州では、かつて、「ビール純粋令」なるものがバイエルン王ヴィルヘルム4世と、弟で共同統治者のルートヴィヒ10世によって公布された。「ビールは、麦芽・ホップ・水・酵母のみを原料とする」というもので、制定日が1516年4月23日。2016年はビール純粋令公布500年の記念年なのだ。この年の4月23日の土曜日、各地でさまざまなイベントが行われた。エアランゲンでは、午前11時に市街地の広場の仮設舞台でオープニングセレモニーが行われ、市長のフロリアン・ヤニック博士が樽に金属製の蛇口を木槌で打ち付け、来場者にビールを振る舞った。

仮設舞台には、同市内のビール会社の経営者、ビール関係のフェラインの代表者、そしてルートヴィヒ10世に扮したカール・クラウス＝カールさんが登壇した。ドイツには「カバレット」という社会や政治に対する皮肉を交えたお笑い芸があるが、クラウス＝カールさんは同市内のご当地カバレリストだ。

広場にはソーセージなどの軽食の売り場のほか、ビール文化関係のフェラインなどがブースを出してちょっとしたメッセ状態。面白いのは、同市の電気・ガス・水道といったインフラを供給している会社エアランゲン・シュタットヴェルケ（6章2節参照）もブースを出していることだ。美味しいビールには、美味しい水の確保がカギ。同市の水源は地下水だが、水源は土壌保護地域に指定されており、安全な水が供給されている。

ビールを多面的に楽しむフェスティバル

イベントは市街地の広場、二つの地ビール会社、そしてエアランゲン大学の植物園など6カ所が会場になった。

地ビール会社では、ガイド付きで醸造設備の見学や試飲などができるほか、クラウス＝カールさん扮するルートヴィヒ10世がビール純粋令を朗読し、夜は敷地内でバンド演奏を聞きながらビールを楽しむといったプログラムが用意された。

植物園ではホップの種類や生態などについて展示され、純粋令に則ってつくられたビールの試飲などが行われた。

オープニングの「振る舞い酒」ならぬ「振る舞いビール」の樽に蛇口を打ち込むペーター・キッツマンさん（左、地ビール会社キッツマン社社長）と市長のフロリアン・ヤニック博士（右）

植物園ではビールの原料ホップについての展覧会。ビール文化の幅広さが伺える

地元ビール会社の工場を見学

市内にはその気になれば歩いて回れる範囲に、水、企業（ビール会社）、大学（植物園）など多くの「ビール資源」とでもいえるものがある。そもそもアルコールの類いは地域色が強い。日本でも各地に地酒があり、１９９４年の酒税法改正以降、各地に地ビール会社が次々と誕生し、「クラフトビール」として人気を博している。ドイツの地ビールは単に地域の特産品という域を越えて、地元の伝統、技術、学術などと結びつけられる。これはまちを鳥瞰的に捉える思考（１章２節参照）から導かれるが、単に１商品の価値を高めるブランディングと基本的に性質が異なる。換言すれば、さまざまな地元資源を関連づけることで、信頼性、深み、継続性、地域性などを伴う形で展開するところに地域ブランディングの本質がある。

3 村のパン屋が120年、地元で愛されてきた理由

村のパン屋から、千人を雇用する製造販売会社へ

地元の祭りに賛助金を出すなど、企業が拠点地域と深い関係を持つことはドイツでも珍しくはない。面白いのは地元に関わる理由だ。たいていは「拠点地域へのお返し」「地域の生活の質を高めるため」といった考え方がベースにある。

エアランゲン市に本社があるパン製造販売会社デア・ベックもそうだ。同社はエアランゲン市をはじめ、周辺地域で約130店、約1100名の雇用を生みだしている。EUの中の成長著しい中小企業500社にランキングされるなど、いたって元気な企業だが、もともとテンネンローエ村のパン屋として1895年に創業。現在の経営者、シーグフリード・ベックさんと夫人のペトラさんが舵取りを始めた1980代に村のパン屋から製造販売会社へと成長していった。

ベック社も地域の文化やスポーツなどを支援し、恵まれない子供のための財団をつくったりしている。ドイツでパンは主食であり、地元との関係づくりは、企業の存続にとって不可欠である。

地域への関わりは本業のパン製造にもある。原材料の小麦や卵などはエアランゲン周辺のフラ

市街地の歩行者ゾーンにあるベックの店舗。カフェも併設されており、人々がくつろぐ

エアランゲン市内テンネンローエ村で19世紀の終わりに創業したデア・ベック。地元密着で、今も本社があるほか、創業時の家屋も残る。同村の750周年記念年のパレードにも参加している

「頭の中は地域のことだけ」。ベック社が地域の原材料を使っていることを表現した広告

ンケン地方のものを使っており、同地域内の130余りの店舗で販売。同社のロゴには「もちろんフランケンから（の材料でできたパン）」というコピーが入っている。

地産地消を推進するモチベーション

地産地消という考え方は、ドイツでは90年代から流通するようになった。その背景には地域の独自性が失われていくという喪失感があった。各地域の食には独自のレシピがあるものだが、グローバル化や生産の機械化の普及などによって地域の独自性というものが忘れられていった。また、地域の自然や風景は農業によってつくられてきたものが多い。地域の風景を維持させるために農業は重要だ。そしてもちろん、地産地消は地元の農業経済の持続につながる。

こういう課題をベック社は経営の中に取り込み、マーケティングでも成功したといえる。しかしこうした経営は、農家などの原料生産者、ベック社のような加工・販売業者、そして消費者、この三者が地域の独自性に対する愛着や危機感がなければ成り立たない。

ベック社の地産地消路線はエアランゲンの地ビール会社とのコラボレーションももたらした。同じ麦でもパンとビールでは必要な部分が違うので、原料の共用が可能なのだ。それゆえ、その昔ドイツの都市ではパン屋とビール製造者の関係は極めて深かった。この関係を復活しようと、1995年から業務提携した。こうして地域や食文化の独自性として醸成されていく。

4　60の医療ベンチャーを支援するインキュベーター

80年代から始まった積極的な起業支援

「エアランゲン・メディカル・バレー・センターはこの地方で最も成功したイノベーションプロジェクトと起業支援の一つであり、同時に（所在地である）バイエルン州、そしてドイツ、ヨーロッパで最もダイナミックな科学の場でもあります」。

エアランゲン市には医療技術に特化したビジネス・インキュベーター（起業支援施設）「メディカル・バレー・センター」があり、２０１３年に10周年を迎え、それを記念するパーティでのバイエルン州科学・研究・芸術省大臣ヴォルフガング・ホイビッシュ博士の演説の一節だ。

インキュベーターとは孵化器の意味だが、起業家の育成・支援のための施設やマーケティング、資金調達、販売戦略などの支援プログラムを指す。ドイツでビジネス・インキュベーターの重要性が意識されだしたのは１９８０年代半ばまで遡る。当時のアメリカでのトレンドを受けたもので、日本でも盛んに議論され、草分けのインキュベーターが誕生している。エアランゲン市でもこの頃ハイテク関連のインキュベーターがつくられ、２００３年には医療技術に特化した同センターが開設された。

産業クラスターが成功する要因

メディカル・バレー・センターは市・州・民間が共同で立ち上げた。エアランゲン市は大学町であり、同市を一拠点にしているグローバル企業のシーメンス社も開発分野を置いている。そのためハイテク関連の研究開発の素地はあった。1996年にシーグフリード・バライス博士が市長になり、掲げたのが「医療都市」戦略だった。経済政策として年間キャンペーンなども随時行われてきた。そういった一連の流れのなかで、1990年代終わりにバイエルン州が進めていたハイテク関連の振興策に申請。州も同市を支援するようになった。州政府ではその後クラスター政策なども推進し、エアランゲンを中心に「医療技術クラスター」として位置づけた。

クラスターとは本来「房」「集団」「群れ」といった意味だ。特定の分野に関連する企業、大学、研究機関、自治体などを、あたかもぶどうの房のように地理的に集積させ、連携・競争を通してイノベーションを創出し、それらを市場にまでつなげるやり方だ。日本でも2000年代に産業クラスター政策が全国で推進された。ただ日本の場合、各クラスターの範囲が地理的に広く、さらに政府によってつくられたという傾向がなきにしもあらずだ。それに対して、エアランゲン市では自らのまちのポテンシャルを見極め、経済戦略として打ち立てた。

エアランゲン市内にある、医療技術に特化したビジネス・インキュベーター「メディカル・バレー・センター」

同センターの代表、マティアス・ヒーゲル氏によると、これまで60の起業家のプロジェクト開発やその実施を支援してきた。現在、メディカル・バレー・センターには約30社が入居し、約１８０人が働いている。

たとえば、医療の現場で使われる機器では、手術中に非接触で３Ｄ映像をリアルタイムに記録できるソフトウェアを開発したメトリルス社がある。同社はエアランゲン大学からスピンオフ、２０１０年に起業した。ツォナレ・メディカルシステムズ社は超音波診断機器の新しい技術を開発している。

医療分野の管理システムでは、ＡＢプロジェクツ社が病院のワークフロー全体を支援するシステム開発を行っている。ＩＦＡＣＥシステム社は医療カルテのシステム開発を行っているが、眼科を専門にしているのが特徴だ。

その他、市内の大学やフラウンホーファー研究所などと共同開発を行うケースもあり、ビジネス・インキュベーターのコーディネートの力が活かされている。

5　企業が拠点を構えたくなるまちの基準

企業が拠点のまちを評価するポイント

エアランゲン市の周辺を中央フランケン地方というが、同地方の企業604社に対してニュルンベルク商工会議所がこの地域についてのアンケート「立地調査」を行っている。いわば企業によるまちの採点だ。たとえば2007年に行われたものを見てみよう（次頁の表参照）。地方選挙に合わせて結果を発表するあたりがミソだ。

興味深いのが、どういった角度からまちを評価しているのかだ。21の評価項目があるが、整理すると、「ハード立地要因」「人材・研究・教育」「行政」「ソフト立地要因」の四つの分野に分かれる。

「ハード立地要因」は交通網や事業用土地面積といったものが挙げられるが、なかには所在地の近くに市場やビジネスパートナーがあるかどうかといった項目もある。

さらに「人材・研究・教育」面では、技術移転や大学との共同事業の可能性などの面から採点されている。また、企業にとってすぐに雇用できる人材が揃っているかどうかも評価の対象だ。

分類	評価項目
ハード立地要因	鉄道輸送への接続 その他の輸送インフラ（空路、水路） 地価、賃貸料 事業スペースの空室状況 公共交通機関 市場やパートナーとの近接性 コミュニティ内アクセシビリティ 交通の接続
ソフト立地要因	経済状況 隣人との関係 対外的イメージ 居住環境、治安 生活の質
行政	地方税のレベル 認可手続きの期間 営業税 環境規制 行政サービスの方向性
人材・研究・教育	技術移転、大学の協力 適切な労働力の利用可能性 職業教育・継続教育の質

ニュルンベルク商工会議所による「立地調査 2007」の評価項目とその分類（分類は筆者による）

また、ドイツは教育と職業が密接に結びついているため、職業教育や就職後のさらなる継続職業教育も評価対象になっている。

「行政」は申請手続きなどが評価対象になっているが、アンケートで最も多い要望は官庁の脱ビューロクラシー（官僚制）だった。これは実はドイツが長年抱える問題でもあり、企業にとっても困ったことなのだろう。また評価項目の一つに営業税というものがある。これは企業の利益に対してかかる地方税だが、自治体にとって大きな財源である。税率も自治体が決められるのだが、それゆえに企業にとって税率の低い自治体は魅力がある。

それからドイツは環境先進国として知られているが、環境規制の評価項目では、規制の緩いところの方が企業にとって良いという評価になっている。このあたりは、ドイツといえども、企業にとって環境対策は決して経営的に歓迎すべき義務ではないことがうかがえる。

職住近接だから、地元社会の質にこだわる

職住近接であることがドイツの特徴だが、換言すれば、社員の多くが地元の住民ということだ。これを裏付けるのかのように、ソフト立地要因では治安や居住環境をはじめ、生活の質が評価対象になっている。

そもそもドイツ企業の社会的責任の「社会」とは、企業が立地している「地元社会」を暗に指すことも多い。そのため、社会貢献やメセナ（文化支援）の対象が地元になる。世界で45万人以上の社員数を数えるグローバル企業シーメンス社なども、社会貢献の取組みの対象は各拠点の「地元」なのである。その根拠について経営者たちは、「地元に対する恩返し」「地元の生活の質を高めるため」と口を揃える。言い換えるならば、立地する地元の「社会」を整備することで、企業の持続的経営が可能になるということであろう。そのために「まちの対外的イメージ」などの評価も含まれる。

このアンケート調査が初めて行われたのは1996年。その後2002、04、07年に実施されているが毎回、少しずつまちのポイントが上がっている。

5

コミュニティをしなやかに つなぐインフラ

１　１００のスポーツクラブはコミュニケーションのインフラ

年齢、性別、国籍、職業を越えて楽しめるツール

スポーツクラブというと、日本では専門の指導員を配した営利の運動施設を思い浮かべる人が多いだろう。ところがドイツでスポーツクラブといえば、フェライン。ドイツにおけるスポーツ・フェライン（クラブ）の数は実に多い。少々古い統計（２００５年）ではあるが、全国に約60万のフェラインがあり、スポーツ分野（38％）が最多。エアランゲン市にも約７４０のフェラインがあり、スポーツと文化関係が最も多く、それぞれ１００程度ある。スポーツ・フェラインは19世紀半ばに生まれ、設立１００年以上の団体も結構ある。市民の多くはフェラインを通じてスポーツを楽しんでいることが、数字からわかる。

スポーツは健康維持や余暇の楽しみを目的として行われる、世代や性別、職業を越えた社交の場という役割が大きい。その象徴が二人称だろう。ドイツ語には親称と社交称があり、丁寧な呼び方（あなた）からくだけた呼び方（おまえ）の関係になるのに、思いのほか時間がかかる。しかしながら、スポーツ・フェラインのメンバーになったとたん、メンバー同士は相手が議員だろ

う と大学教授であろうと、親称で呼びあう。

フェラインの運営

エアランゲン最大にして、最も歴史のあるスポーツ・フェラインが「トゥルネンフェライン・エアランゲン1848」(以下、略称のTVE1848)。同フェラインはその名の通り、1848年に設立された。現在、メンバーは約6200人。サッカー、ハンドボール、重量上げ、柔道、空手、テニス、体操など20以上の種目のほかに、子供向け、シニア向けなどのスポーツ・プログラムを持つ総合型だ。

多くのスポーツ・フェラインによって行われる「スポーツフェスティバル」

そもそもスポーツのフェラインの歴史は複雑で、体育を通じて、近代国家にふさわしい国民を醸成してきた一面がある。職業、身分などにとらわれない「兄弟愛」で結ばれた集団として発展し、こうした精神は現代にも引き継がれている。TVE1848の理念にも、「年齢、宗教、出身国、国籍を問わず、誰に対しても開かれている」「重要な社会的コミュニティ」「政治的な責任の伴う社会福祉のコミュニティとエアランゲンのスポーツのための不可欠なパートナー」といった言葉が並ぶ。

ＴＶＥ１８４８は、社会的な組織として市民スポーツの枠組みを実現しているが、運営にはトレーナーの仕事をはじめ、会員のボランティアの力が大きい。また四つの施設を所有している。２０１５年度の財政状況を見ると、２３７万ユーロの収入があるが、支出もそれ相応にあり、決算は赤字だ。収入は会費、補助金、施設の賃貸、寄付、広告、フィットネスなどのコースの収入など多岐にわたる。

政治との接点も多い。ＴＶＥ１８４８代表のボルフガング・ベック氏は長年テニス部署の部長なども務めてきたスポーツマンであるが、市議会議員でもある。またＴＶＥ１８４８の総会などでは他の議員や市のスポーツ大臣に相当する政治家も招待される。

社交ダンスは最もポピュラーな社交手段

ドイツの教養の一つに社交ダンスがある。まちのダンス教室にはバレエからブレークダンスまでさまざまなコースがあり、子供から10代の若者までが毎日やってくる。そこには必ず社交ダンスのコースもある。こちらは高校生ぐらいの若者から中高年までが通う。

習った社交ダンスはどこで、どう発揮するかといえば、まずは結婚式。パーティでは新郎新婦も踊るし、招待客も踊る。これ以外にも数々の舞踏会がある。エアランゲンでは、教会の教区、政党、大学などで行われる。舞踏会はヨーロッパの社交形式の一つになっており、その舞踏会で踊るダンスを日本語では「社交ダンス」というが、なかなか的を射た表現だ。

日本のイメージと違い、ドイツでは社交ダンスはポピュラーな社交手段だ。毎年「スポーツマンのための舞踏会」が開催され、無数の交流が生まれる

同市内で毎年行われているのがエアランゲン・スポーツ連盟による「スポーツマンのための舞踏会」。毎年1月の週末、午後7時を過ぎると、正装した老若男女の参加者が市役所に隣接するホールに集まる。前もって申し込みをし、参加費を支払えば、基本的に誰でも舞踏会に参加することができる。

メインの大ホールではダンスのスペースが用意され、その周辺にテーブルが並ぶ。舞台には楽団が陣取る。別のスペースにはバーやディスコスペースも設えられている。大ホールの中央のテーブルにはスポーツ連盟の会長をはじめ、市長、副市長、スポンサーになっている地元の銀行の担当者らが座る。周辺には市議会議員や市のスポーツ局の責任者らの顔もある。ほとんどが夫妻で参加している。

舞踏会では彼らももちろん踊る。市長夫妻らも慣れた様子でステップを踏んでいる。ダンスの合間には自転車のアクロバティックや器械体操などのショーや、投票で選ばれたスポーツ大賞の授賞式なども行われる。

ドイツでは1960年代以降、積極的にスポーツ振興を行った経緯がある。このとき、競技スポーツだけではなく、誰もが自分のペースに合わせて楽しめるスポーツを推進した。つまりスポーツを通じて、健康や余暇、コミュニティの形成といったものが期待された。加えて、戦後は労働時間の短縮化も進み、職住近接という事情から、個人の可処分時間も増加する。平日でも夕方から人々はスポーツを楽しめるようになった。

舞踏会には、スポーツ・フェラインのメンバーや役員も正装で参加する。政治家、行政マン、フェラインの運営に貢献している市民といったさまざまな立場の人がお酒を楽しみ、踊り、そして語る。スポーツはこうした社交を通じて地域社会の緩やかな紐帯《ちゅうたい》を育んでいる。

2 社会的弱者の社会参加を支援する

女性の健康づくりをサポートする

インストラクターにリードされ、10人余りの女性がテンポのよい音楽に合わせて踊る。ラテン音楽のステップを多用したフィットネス・プログラム「ズンバ」だ。これは、エアランゲンのコミュニティセンターで、２０１５年6月に行われたＢＩＧプロジェクト10周年記念のパーティの一幕。ＢＩＧ（Bewegung als Investition in Gesundheit）とは「健康の投資としての運動」を略したもので、同市が展開するスポーツプログラムだ。

このプログラムは社会的弱者の女性が対象。水泳、自転車、ヨガ、ダンス、そして冒頭のフィットネス・プログラムのズンバなどのコースが用意されている。プログラムは半年クールで組まれ、参加者はコース全体で約３５０人。75％が外国人市民であり、60％はイスラム系の女性である。運動をする場所は託児所完備で、トレーナーは女性。完全に男性のいない環境をつくることで、イスラム系の女性でも精神的な負担がなくスポーツが楽しめるというわけだ。

プログラム運営を担当している市のスポーツ局のツザーナ・マイチックさんによると、参加者

BIGプロジェクトの10周年記念パーティでフィットネス・プログラム、ズンバを披露する女性たち

は25～55歳の年齢層が中心だが、下は15歳から、上は70代の女性も参加している。参加者の負担は、1時間あたり1～3ユーロぐらいに抑えられ、経済的に困窮している人は無料で参加できる。また同プログラムは市内のアクセスのよいところで行われるので、気軽に足が向く。

「地元紙に広告を載せるなどの大々的な募集はかけていません。宗教施設や女性のグループ、社会福祉関係の施設などを地道にまわってプログラムの紹介をしました。あとは口コミで広がりました」と、マイチックさんは言う。

大学・行政・フェラインの連携

ＢＩＧプロジェクトが始まったのは２００５年。発端はエアランゲン大学のスポーツ・サイエンスの研究だった。社会的弱者の女性には運動の機会が少ない。それだけに「こういうプログラムは地域の健康増進のインフラとして有用だ。決してエアランゲンだけのためのものではない」と、同大学スポーツ科学研究所教授、アルフレート・リュッテンさんは語る。

同市のスポーツ局の責任者ウルリッヒ・クレメントさんは「大学が発想し、地域の政治・行政によってかたちになった。理想的なプログラムだ」と言う。また、同プログラムには地元のスポーツ・フェラインも協力している。スポーツ・フェラインはドイツ社会の健康・余暇・コミュニティのインフラのような役割を果たしており、当然、施設や専門家、ノウハウの蓄積もある。そのようなスポーツ・フェラインがＢＩＧプロジェクトのパートナーになっているのだ。

ＢＩＧプロジェクトに参加する女性たちは運動を通じて自信を持ち、地域の中で交流関係を広げる。またプログラムの各コースには40～50人が参加しているが、最初に皆でどのように進めていくかを話しあう。そういった行為を通じて政治的なプロセスを学ぶこともできるわけだ。

ＢＩＧプロジェクトの10周年記念パーティには大学、政治家、スポーツ・フェラインの関係者も多数参加し、ヒジャブと呼ばれる布をまとったイスラム圏の女性もたくさん参加していた。さまざまな立場の人々がスポーツを介して緩やかにつながる「統合政策」（2章1節参照）の一つでもある。

3　教会はコミュニティのハブ

教会は小さな村のようなもの

ドイツでは日曜日のミサに足を運ぶ人は少なくなるなど、キリスト教離れが目立つが、キリスト教の社会的存在感、影響力は依然根強い。たとえば外国人の市民といかに社会的統合を図るかということは、欧州の継続的な課題の一つだが、キリスト文化とイスラム文化の摩擦が議論の中心になるのもその証左だろう。

エアランゲン市内にあるトーマス教会（プロテスタント）の教区は市街地からそう離れていない住宅街にあり、隣には同教会が経営母体になっている児童保育を兼ねた幼稚園がある。牧師のヨルグ・グンゼンハイマーさんによると、0〜102歳まで1650人の信者がいるという。「まるで小さな村のようなものです」と、同師は笑う。人々の教会への参加の具合はさまざまだが、いずれにせよ教会はこれだけのコミュニティの軸になる組織であり、牧師はそのトップというわけだ。

経営組織としては牧師のもとに幼稚園のスタッフをはじめ、直訳で「学生牧師」という役職がある。これは大学の神学部や学生と教会とのコミュニケーションを担当している。特に学生のアイデンティティについての悩みや（望まなかった）妊娠をしてどうすればいいか、といった問題について扱っている。その他にも、秘書や音楽関係者、清掃管理スタッフがいる。さらに重要なのが、教会委員会という運営委員だ。人数は教区の規模によるが、トーマス教区の場合、グンゼンハイマー師をはじめ、固定したメンバーが4人。それから6年ごとに選挙で選ばれる6人がいる。まさに、教区の代表たちだ。

宗教施設にとどまらない、教会の新しい役割

教会とは祈りの場所であることはいうまでもないが、多目的ホールや中庭があり、極めて公共性の高い建物で、礼拝堂でコンサートが行われることもある。トーマス教会を見ると、コーラス、金管楽器奏者のグループも抱えるほか、高齢者のための文化サークル活動も活発だ。ボランティアで教会の活動に参加する人も少なくない。いわば教会は文化コミュニケーションセンターとして成り立っている。とりわけ教区の人たちがビール片手に集うサマーフェスティバルは同教会の年間行事のハイライトだ。コミュニティの活性化にはコミュニケーションの量と質が問われるが、教会がその大きい役割を果たしている。

また、宗教の大きな社会的影響の一つに、価値観の形成がある。欧州の政治哲学はキリスト教

祭壇に立つグンゼンハイマー牧師。プロテスタントの牧師教育では、頭をオープンにして、きちんと考える人間を育て、しかもチームで働けるようにすることを学ぶ

毎年行われる教区のレセプションでは、牧師自身が招待客をもてなす

教会や教区ホールは文化センターの役割を担うこともしばしば。「国境なきピエロ団」の公演の後、グンゼンハイマー牧師（左）もおどけた顔で記念撮影

抜きで語れないし、教育の現場では倫理を教える役割を果たしている。

さらに、グンゼンハイマー師は教会に対して宗教施設の既存イメージとは少し違うビジョンを持っている。「なかなか実現は難しいが」と前置きをしつつ、将来は教会をオープンなディスカッションができる場所にしたいと述べる。「議論して勝った負けたではなく、自分の意見を述べて、他者の意見を聞いて、自分の視野を広げる場所にしてほしい。その際、自分の意見をどうつくるかが課題。家庭内、教区内、社会全体でお互いどういうふうに意見を構築していけるかが重要だ」。

日本でも、僧侶などがコミュニティの中で自らの活動を模索する動きもある。宗教や宗教施設が持つ社会的役割を多角的に再評価する時代がきたのかもしれない。

4 ローカルメディアは市民のメディア

行政だけでなく、メディアもローカル志向が強いドイツ

ドイツでは、どんな小さなまちでも駅の売店で地元の名前を冠した新聞を手にとることができる。それもそのはずで、ドイツ国内の日刊紙のほとんどは地方紙。新聞と名のつく媒体の全発行部数を見ても7割が地方紙だ。エアランゲンでも人々の主流紙は「エアランガー・ナッハリヒテン」という日刊紙。

日本にも地方紙はある。しかし、戦時中の言論統制の一環で「一県一紙制度」が設けられたことが現在の地方紙・ブロック紙の構造に引き継がれており、加えて戦後は都市部を中心に全国紙の存在感が大きくなった。余談ながら、実は、ドイツのみならず、地方紙が中心になっている国は多い。むしろ日本が特殊といえるだろう。

ドイツの地方紙の紙面は、世界や国内の記事はもちろん掲載されるが、まちや地域、州内の記事のボリュームがかなりある。行政の動きや政治、文化・芸術、NPO、スポーツ、地元企業、事件・事故など扱うテーマは幅広い。地元の出来事を記者が言語化し、時には批判や分析を加え

る。そして読者、つまり地元の人々の間で共有されていく。見方を変えれば、あたかも「まちの日記」のようで、年数が経てばまちの歴史的資料になるわけだ。実際、エアランゲンの新聞の歴史は18世紀半ばまで遡ることができ、まちの歴史を語る大切な資料になっている。

地元紙「エアランガー・ナッハリヒテン」

まちの新聞は言論の公共空間

ドイツらしさが出るのが文化の記事だろう。ドイツでは、文化の地方分権が徹底しており、文化関係の活動が盛んで、ニュースとして報道される機会も多い。たとえば、地元の劇場で演劇やダンスなどの初演があれば、すぐに批評記事が掲載されたり、文化イベントでスポンサーになった地元企業のことが取り上げられることもある。他にもアーティストや劇場の監督、市の文化大臣のインタビューが載ることもある。

こんな具合だから、日本のアーティストがドイツの小さなまちで作品を発表すると驚く。なにしろ、地元紙の記者が批評を書き、紙面には作品の写真が大きく掲載されるからだ。日本の新聞の文化欄では考えられない扱いだ。ドイツでは文化や芸術が市民の生活の質を高めるうえで大切にされているが、メディアの流通機能が果たす役割も大きい。

また、紙面には読者が意見を表明するページもある。いわゆる読者欄だ。日本の新聞にも同様のページはあるが、ドイツの新聞の読者欄は一般記事と大差ない長さと体裁だ。内容は、記事に対する意見表明であったり、地元で起こっている問題を提起するといったものだ。地元の新聞に、地元の住人が、地元について公の言葉で語っている。つまり、まちの新聞というのは、まちの言論の公共空間なのだ。まちそのものはリアルな公共空間だが、ドイツのまちには言論の公共空間もあるということだ。この公共空間の重層性がドイツの地域社会の質を高めているように思える。

21世紀に入って、インターネットの普及が情報環境をがらりと変えた。これを受けて世界的に新聞社は経営に腐心しており、ドイツの地方紙も例外ではない。しかし依然、地元紙はまちの情報流通と言論のインフラを担っているといえるだろう。

ここで、外国人の記者として個人的な体験を記しておこう。エアランゲンで取材を始めたころ、驚いたのが記者会見の多さだ。基本的なことをいうと、広報とは社会に対して組織の立場や意思を表明することである。消費者に訴求する広告とは異なる。つまり、記者会見とは社会に対する組織の発言なのだ。企業によるものが多いが、自治体もかなり頻繁に行う。フェラインでも広報担当者をおいているところは結構ある。

それに対して、ジャーナリストもそれ相応にいる。しかも、ドイツ社会の特徴として所属組織より職業性が強い側面があるが、記者も「生涯一記者」という色合いが強い。日本の新聞社は年齢とともに管理職になるが、この話をドイツの新聞社の記者に話すと「ドイツでまずありえない」とあっさり言われたことがある。そのため、記者会見となると、日本の感覚では管理職になる年齢の記者が現役としてやってくる。ベテランの良さは、取材対象についての知識の蓄積だ。

紙媒体のみならず、エアランゲン周辺のフランケン地方のテレビ局もある。写真は動画を扱う市民メディア「ヘルツォ TV」

また、エアランゲンで読めるローカル紙は「エアランガー・ナッハリヒテン」紙のほかに、エアランゲン周辺をカバーしている「フランキッシャー・ターク」紙がある。そのほかにも、エアランゲンの情報を発信する雑誌「フーゴ」などがある。また、フェラインが運営するネットテレビ「ヘルツォTV」は、いわゆる市民メディアで、メンバーの「市民記者」がビデオを担いで記者会見やイベント会場に現れる。もう少しエリアを広げると、エアランゲン周辺を指す「フランケン地方」の地方テレビ局がある。また隣のニュルンベルク市は新聞雑誌の類がさらに多い。言論の公共空間を埋めていくプレイヤーもまた充実している。

5　祭りは地域の連帯感を高める最強ツール

まちが浮き足たつ季節がやってくる

日本と同様、ドイツにも各地に祭りがある。この祭りの期間になると、地域によっては仕事にならないところもある。エアランゲンでは毎年5〜6月（年によって異なる）、エアランゲン市北部の小高い丘で12日間にわたるビール祭りが開催されるが、春夏秋冬に次いで、まちが華やぐ「5番目の季節」と呼ばれている。期間中は移動遊園地や屋台が並び、大学は休講。会社や店が午後から一斉に休みになる日もある。「このまちに住んでいるなら、絶対に行かないと」と、市民の誰もが目を輝かせて言う。

このエアランゲンのビール祭りは1775年から始まり、ミュンヘンの「オクトーバーフェスト」よりも古い。通称は「ベルク（丘）」。正式名称の「丘の教会開基祭（Bergkirchweih/ベルクキルヒヴァイ）」を縮めたものだ。年に一度、教会の開基祭に開かれる市《いち》にちなんでいる。

ビール祭りのきっかけは外国人がやってきたことだ。17世紀末にフランスから追われたプロテスタントの一派「ユグノー」をエアランゲン市は保護した。彼らは皮革や繊維の技術を持ってい

上：人で溢れかえるビール祭り会場
下：家族、友達、職業仲間、フェライン、外国人が集う。一杯のジョッキが仲間意識を強める

て、これが市の産業・経済にも影響を与えた。やがて彼らは独自に市を開くようになり、それ以前から開かれていた市に集まる人が減った。おそらくここで混乱が起きたと思われるが、一度すべての市が閉鎖された。その後、市議会が現在の祭りの会場になる丘で新旧の市を合併したかたちで再開した。想像の域を出ないが、宗教難民との社会統合政策の一種だったのかもしれない。

市が再開した当時、丘にはすでにビールを冷蔵しておくトンネルが多くつくられていた。移動遊園地なども増え、物品販売市よりもビール祭りとして開催されるようになった。今日、ビール祭りの訪問者は１２０万人を数える。１日あたり、市の人口と同じ10万人が訪れることになる。祭りは９００人分の仕事を生みだし、経済効果も高い。

人々を結束させる祭りの効能

そんなビール祭りに集まる顔ぶれは、家族連れ、友人同士の若者たち、高齢者のグループなど老若男女さまざま。一般にドイツの人々には「仕事の後の一杯」という習慣がなく、会社に帰属することより職業別の連帯感が強い。これは労働組合が会社ごとではなく、職業別にあることや、仕事に就くといったときに、会社ではなく職業を軸に考えるような社会だからだ。祭りはそんな職業仲間が集う機会でもある。またドイツ社会は職縁以外にフェラインなどの社会的組織を介したネットワークが強い。これが地元社会の紐帯《ちゅうたい》を強め、パブリックマインドを充実させる大きな背景になっているが、祭りはそういった仲間がジョッキを片手に連帯感を強くする。

祭りは原初的な地域のイベントで、何代も前から地元に住む人から新参者の外国人まで、多くの人が参加することができる。グローバル化の波で多様な人々が暮らす社会が日常化しているが、祭りはそれぞれのルーツの問題を軽々と越え、住んでいる人々の一体感を高める。

エアランゲンに2社ある地ビール会社が、ビール祭り用のビールをつくる。そのうちの1社、シュタインバッハブロイではビール祭りに先立ち、試飲会が行われる

もう一つの地ビール会社キッツマンが祭り用の樽を積んで、「ビールの女王」が馬車で市街を回る

6

パブリックマインドが生まれるしくみ

1　寄付が支える劇場のリノベーション

劇場の改修に寄付を募る座席アクション

エアランゲン市の隣、フュルト市の市営劇場は１９０２年につくられた。随所に彫刻がほどこされた新ロココ調様式の建物で、まちのシンボルだ。だがこの劇場の６５５の観客席が老朽化。取り替えなければならない時期にきている。１脚８２０ユーロするうちの３５０ユーロを市民からの寄付で賄おうと、２００６年から「座席アクション」を開始した。椅子には寄付をした個人や企業の名前のプレートが付けられる。

同劇場のマーケティング、スポンサリング、寄付に関する業務を担当するラインハルト・バイラウッフさんによると、２０１２年4月はじめの段階で２９６件の寄付があり、５４０席分を確保。寄付者には、市民のほかに地元の政党、研究所、企業の名前も並ぶ。

実はこの劇場はそもそも市民が望んだ劇場だった。現在の劇場ができる約40年前、１８６０年に一度劇場はつくられている。だが、工業化で人口も増え、経済状況も良かった当時、人々はもっと文化度の高い劇場が必要だと考え、１８９８年、自分たちで寄付を募った。集まった寄付金

フユルト市市営劇場。100年以上前に市民が自ら寄付を募ってつくられた

「座席アクション」のPR。左は市長のトーマス・ユング博士、右は劇場運営責任者のヴェルナー・ミュラー氏
(©Stadttheater Fürth)

座席には寄付した個人や組織のネームプレートが付けられている

は約28万ライヒスマルク（換算が難しいのだが、現在でいうとおよそ201万ユーロ）にのぼり、建築費用の30％以上に相当する。こういった劇場の出自は戦後も引き継がれる。老朽化で改修するときも、市民の寄付で賄った。劇場をサポートするフェラインが市民によって立ち上げられ、その後も何かと資金が必要になれば、寄付集めに奔走し、乗り切ってきた。

劇場文化を支えるオペレーション

そもそもドイツは「劇場大国」という一面があり、多くのまちに「我々の劇場」がある。市民のライフ・スタンダードなのだ。歴史的な劇場は、もともと貴族の所有物だったケースも少なくないが、フュルト市の劇場はまさに市民が望んだもの。「我々の劇場」という意識は伝統的に強く、「座席アクション」の取り組みもその流れを汲んだものだ。

職業と教育が密接なドイツでは、劇場学などを勉強した劇場運営者が魅力的なプログラムをつくっていく。一方、劇場は座席の数しかチケットを販売できず、よほどロングランにならなければ黒字化が難しい収益構造となっており、結局かなりの税金が投入されて維持されている。

近年、娯楽が多様化し往年の劇場文化も変容しているが、夫婦で定期的に劇場に足を運ぶ人もまだまだいる。そういう夫婦は演目によって子供を劇場に連れてくるので次世代への「観客の再生産」が起こる。また、劇場は単に演目を見て終わりではなく、客同士の社交の場にもなっている。

2　市民が出資する再生可能エネルギー増産のスキーム

6億6千万円の市民出資が5時間で「完売」

　ドイツでは、脱原発と先駆的な再生可能エネルギーの普及がよく知られている。電力の固定価格買い取り制度（ＦＩＴ）によって、太陽光発電のソーラーパネルをいたるところで見かけるようになった。しかし、ＦＩＴは電気料金の高騰を招いた。再生可能エネルギー推進は続けるが、制度の見直しが進められている。一方、「福島ショック」以降、地産地消型のエネルギーインフラの構築の議論が活発化している。ただ、エネルギーの地産地消の議論も、そもそも地域の問題は地域で解決するという極めてドイツ的な志向によるものだ。

　エアランゲン市内の電力供給を担っているのは、「エアランゲン・シュタットヴェルケ」という、市が所有している会社だ。同社は電気以外にガス、水道の供給、バスまで運営しており、いってみれば同市のライフラインを支える「エアランゲン・インフラ供給会社」といえるだろう。

　エアランゲンも再生可能エネルギー源を増やす取り組みを進めており、２０１１年に風力発電を導入した。ユニークなのはその導入方法だ。市内の銀行が６６０万ユーロをインフラ供給会社

市営のエネルギー・インフラ供給会社エアランゲン・シュタットヴェルケ。市営＝市民のものという感覚がドイツらしい

に貸付けたのだが、もともとこの660万ユーロは市民からの小口の出資だ。銀行が、利子3・5％、1000ユーロ（10万円程度）から預けることができる気候定期預金（有価証券に類似した証券）を設置したところ、5時間で「完売」した。

前述の通り、エアランゲン市は1人あたりのGDPがドイツの全国平均をはるかに上回る。だから、1000ユーロをすぐに預ける人が出てきてもおかしくないが、銀行もインフラ供給会社も驚いたに違いない。現在のところ、風力による発電量は一般家庭3000世帯分。まだ全体の電力の0・05％にすぎないが、2030年には約46％にまで引き上げるビジョンを打ちだしている。

エネルギーを地産地消するしくみをつくる

この1件からも、自分たちのまちで新しいエネルギー源が必要と判断すれば、自分たちで資金調達をするしくみをつくってしまうことがわかる。また、昨今ドイツ国内でその効果について疑

風力発電も市民の寄付で導入する
(©Erlanger Stadtwerke)

市役所の裏には電気自動車の充電所もつくられている

2010年3月に落成式が行われた太陽光発電のパネル

問視されている太陽光発電だが、エアランゲンの場合はフェライン「太陽エネルギー」のイニシアティブによって、市議会、金融機関、太陽光発電の専門機関、そしてインフラ供給会社がコラボレーションして普及させてきた経緯がある。これもいわば、自分たちのまちの課題を自分たちで取り組んでいこうという動きにほかならない。

かつて前述のエアランゲン・シュタットヴェルケを市内の保守政党と中道政党が民営化しようとしたことがある。しかし、市民投票の結果、75%の市民が民営化に反対。イニシアティブをとった市民グループの代表が報道陣に対して、「エアランゲン・シュタットヴェルケは100%地元の会社であり、市民が所有している」と表明している。市営=市民のものという感覚がいかにもドイツらしい。

3　なぜ企業は地元の文化を支援するのか

まちの文化活動を担うプレイヤーたち

人口10万人のエアランゲンには、劇場、ギャラリーなどさまざまな文化施設があり、またフェスティバルや展覧会などの文化プログラムも多い。

人口10万人の地方都市というと、日本でもたくさんある規模の自治体である。大阪市や京都市といった自治体の中では、「区」のレベルであるが、なぜこうも文化的な活動がドイツのまちは充実しているのだろうか。

まず、ドイツは連邦国家で地方分権型であり、とりわけ文化や教育は地方の権限が強い。エアランゲンだけが特別なわけではなく、たとえばクラシックファンにはお馴染みのバイロイト音楽祭が開催されるバイロイト市の人口は7万3千人程度だ。

また、自治を保障する政治のしくみ以外に、文化や教育、福祉とったいわば地域の質を高める活動をする人々やフェラインなどの組織が多いことも挙げられる。エアランゲン市には、約3200余りの企業がある。一定の労働人口規模があり、加えて短時間労働なので、普段から現役世代がライフワークや趣味としてそういう活動を楽しめるという事情が大きい。

さらに、企業が社会貢献に熱心なことも挙げられる。エアランゲンの商工会議所の所長、レナテ・ドェブリンさんは「企業からどのぐらいのマネーが文化や教育、福祉といった分野に流れているか、全体像をつかむのは難しいが、それにしてもたくさんの企業が貢献しているのは間違いない」と述べる。たとえば市内事業所31社の社会貢献に関するリストを見ると、地域における市民の自主的な活動や教会の教区、フェラインに対して支援しているのが5社。学校への支援が11社、学校の特別プロジェクトや職業訓練に6社、文化・スポーツに対して7社、健康・家族・福祉分野に12社、地域の立地条件を高めるための活動や財団に2社とある（複数分野に貢献している企業もある）。

市内には１９８９年からフェラインとして運営されている小劇場がある。カバレットという政治や社会を皮肉るドイツのお笑い芸の専門劇場だが、ファンは２００キロ離れたミュンヘンからも来るという。しかし、劇場運営は興行収入だけではかなり厳しい。行政からの補助金だけでなく企業からの寄付金でも運営が賄われている。

中止に追い込まれたフェスティバルを救え

２０１０年の新年早々、エアランゲンの与党が中心になって、同市で行われている人形パフォーマンスのフェスティバル「フィギュアフェスティバル」を中止しようという方針を打ちだした。財政難がその理由だが、中止案に対して市民から反対運動が起こった。

人形をとっかかりにした演劇やダンス、パフォーマンスなどが行われるフェスティバルは、1979年にスタートし、2年ごとに開催されてきた。

フィギュアフェスティバルが財政難で中止の危機に。文化政策に力を入れている市議会、文化関係者、関心の高い市民が市役所前に集結。問題があれば、すぐに社会運動や抗議運動に発展する

特筆すべきは、エアランゲン周辺のニュルンベルク、フュルト、シュワバッハという4都市が共同で開催する大規模なフェスティバルという点だ。複数の都市が共同で行うことで、大きな存在感を生みだし、財政的にもスケールメリットが活かせる。ちなみに中止提案が出された前年に開催されたフェスは10日間にわたって開催され、18カ国65アーティストが100以上の公演を行った。観客動員数は2万5千人を超えた。

まずは、この行政の中止の方針が全国紙で取り上げられた。また、地元紙では連日、動静が報じられ、読書欄にはスイスやオランダからの投書もあった。市の文化大臣ディーター・ロスマイスル博士は「国内を超えた反応が

あり、欧州では大切なフェスティバルといえる。中止するとエアランゲンの存在感が低下する」と警鐘を鳴らした。

２月下旬には市役所前に約２００人が集まり、中止反対のデモが行われた。そこにはロスマイスル博士をはじめ、文化を専門にしている市議会議員らの姿もあり、フェスティバル中止案の浮上は性急であり、民主的な手続きをとっていないという批判に対して、当時のシーグフリード・バライス市長が直接話しあいに応じるという一幕があった。

また、フェスティバルは観光客を呼び、市内のホテルや小売業、サービス業の売上増という実益がある。そのため、市内のホテルは市長宛に、１００人分のアーティスト用の宿泊クーポン券をプレゼントするという「反対運動」を行った。

「フェスティバルは重要」と、デモで訴えるSPD(ドイツ社民党)の市議会議員、ウルスラ・ラニングさん

一方、実益のみならず、目に見えない価値もある。つまり、まちの「内向け」にはアイデンティティを強め、「外向け」にはまちのイメージを発信することになるからだ。まちに企業を誘致する際にもこれは重要な要素になる。フュルト市の文化大臣は不況の時だからこそ、文化に投資するべきだと、長期的視点から意見を述べている。

さて、1カ月以上にわたる反対運動の結果、エアランゲンを拠点の一つにしているシーメンス社がスポンサリングを決定した。同社は「拠点の生活の質を高めることは企業の責任でもある」としている。歴史あるフェスティバルは政治、経済、文化などあらゆる分野に影響を与える存在になっていることを浮き彫りにする一件であった。

シーメンス社

シーメンス社の社会貢献

こうした企業のスポンサリングの例としてシーメンス社の取り組みを紹介しよう。

同社は家電から電力、交通、生産設備まで幅広く手掛けるドイツのグローバル企業だ。世界200カ国で約35万人が働いている。エアランゲン市には同社の医療機器の研究開発部門があり、エアランゲン市および周辺地域で4万4千人が働いている。

2014年10月から翌年9月までのシーズンに同社では、アートミュージアム、児童映画祭、トルコ―ドイツ映画祭、2年に一度開催される人形を使ったアートパフォーマンスフェスティバル、エアランゲン・ニュルンベルク孔子研究所、19世紀か

シーメンス社がスポンサリングしたプログラムの一つ「子供映画フェスティバル」(©Siemens)

ら続くコンサートなどを行うフェラインのサポートなどを行っている。こうした文化関係の支援だけでなく、社会的な分野への寄付やボランティアプロジェクトについても、月1回、ニュースレターで同地域の社員に告知しているほか、従業員とその家族のために無料や割引のチケットも用意している。

興味深いのは、アートミュージアムと同社社員との関わりだ。同ミュージアムはフェラインによって運営されているが、現代美術の作品収集、さまざまなテーマの展覧会などに年間を通じて協賛している。年間5〜7回の展覧会を行うが、従業員は月曜日の昼食時に招待される。「クンストパウゼ／Kunstpause（アート休憩）」と名づけられたこの取り組みでは、作品についてのガイドが行われる。

シーメンス社の芸術分野の活動を担当しているバーバラ・ライヒトさんは、「毎回30〜50人程度の社員がやってくる。展示を見た後に質問もでき、日常業務から一時離れて、新しいアイデアやひらめきを得ることもある。そういう貴重な機会を提供している」と言う。

社員の生活の質を高めるまちづくり

こうした活動の目的は何だろうか。

「当社にとって文化のスポンサリングは長い伝統があります。創業者の孫のエルンスト・フォン・シーメンス（1903〜90年）は芸術と科学のパトロンでした」（ライヒトさん）

当初は、こうした文化への支援は社会の上層階級の人々の関心を高めることが想定されていたが、現代はより多くの人に、特に若い人が文化へアクセスすることを実現し、次世代を育てることを想定している。こういった活動を通じて企業の社会的責任を果たそうというわけだ。

「これらの取り組みを通じ、高い生活の質をもたらし、地元の人々、特に従業員のためにこのまちが魅力的な場所になるようにと思っています。それが、当社と顧客との連携を強化することにもつながるでしょう」（ライヒトさん）

シーメンス社の芸術分野担当、バーバラ・ライヒトさん（©Mile Cindric）

事業の拠点地の生活の質を高めることが、結果的に従業員の福利厚生につながるという発想は、職住近接が主流のドイツならではだ。一般に、企業にとって拠点のエネルギーや交通のインフラ、安定した政治状況、治安などはいうに及ばず、文化やスポーツ、教育といったものが充実することによって、都市の質が高まり、その地域で事業を持続させようという信頼が生まれる。

信用協同組合が文化・福祉をサポートする理由

5月の週末、午前11時前になると、エアランゲンの中心部に向かって自転車が列をなして走る。行き先は宮殿庭園。お目当てはジャズコンサートだ。280×500メートルのバロック様式の庭園では毎年初夏から8月にかけて、同市の主催で日曜日に無料の「宮殿庭園コンサート」が行われる。芝生の上に300人分の椅子が用意されていたが、あっというまに満杯。観客は思い思いに芝生にシートを敷いて座ったり、寝そべったりしている。

宮殿庭園コンサートは1976年に始まった。2015年の発表によると、それまで300以上の演奏が行われ、延べ時間400時間を超える。「(劇場へ行くときのように)着飾らずとも、普段着で気軽に行ける。ミュージック・フォー・オールですね。多くのエアランゲン市民はこのコンサートを聞いて育った」と、同市文化局ディレクターのアンケ・シュタイネルト－ノイヴィルトさんは笑う。天気の良い日は毎回千人程度の人が訪れるという。

これは文化振興プログラムであり、とりわけ家族連れでも足を運びやすいことが重要だ。筆者も子供が小さかったころ、宮殿庭園コンサートによく家族で出かけた。子供たちは芝生で遊び、大人は音楽を聞いて、合間に友人家族とおしゃべりしたりと、楽しい休日を過ごした。コンサートの時間は1時間程度と、長すぎず、短すぎないように設定されている。家族連れも、高齢者も、無理せず音楽を楽しめる。

音楽家は国外からも招聘するが、地元のミュージシャンも演奏する。ジャンルも教会音楽から前衛的なものまでさまざまだ。他にも東欧系ユダヤ人の民謡がルーツのクレズマー、バロック音楽、ドラム缶などさまざまなモノを使ったリズム系のデュオ、子供・家族向け音楽など計8回のコンサートが行われる。

満員御礼！信用協同組合が支援する宮殿庭園コンサート

この8回のコンサートの予算は5万ユーロ。これを支えているのが信用協同組合の「シュパルダバンク・ニュルンベルク」だ。同バンクはエアランゲンを含むバイエルン州北部を管轄し、ニュルンベルク市にある劇場のメインスポンサーになっているほか、複数の文化プログラムを支援・促進している。文化的多様性を保全し、若いアーティストが活動できるプラットフォームを提供するなど、行政の文化振興を補完する役割を担っている。また文化プロジェクトのみならず、社会福祉プロジェクトにも多くの寄付を行うなど支援している。

エアランゲンの宮殿庭園コンサートもそんな支援事業の一つ

だ。具体的な金額は非公開だが、同バンクのマーカス・レーマン専務は、「宮殿庭園コンサートのような場は地域の人々が集まり、地域社会で共有する感覚を醸成することになる。だからこそ、無料であり、誰にでも開放されたものであることが大切だ」と言う。

そもそも事業者にとって、事業を展開するには、良質の人材を必要とする。そういう人材が好むまちとは安全で治安がよく、多様性があり、文化・福祉なども充実した地域だ。つまり同バンクが営業の拠点地域の質を高めると、結果的に良質の人材の確保のみならず、他の事業者にとっても魅力的な地域となり、同バンクにとって永続的な事業展開が見込めることにつながる。

4 市民と行政・政治の距離が近い

政治が身近なドイツ社会

日本の地方でまちづくりに奮闘している人の様子を聞くと、行政マンと市民がうまく連携できないケースがあるようだ。たとえば、まちづくりのための議論の場が設けられるとする。集まりではさまざまな意見や面白いアイデアも出てくる。そんな集まりに行政マンも招待されることがあるが、議論の末に出てきたアイデアに対して行政マンが歓迎するとか一緒に考えてみようとはなりにくいことがあるようだ。

ここでは市民による社会の議論と行政の断絶が起きていることがわかる。ドイツでは、市民、行政、さらには政治家の関係が日本ほど断絶していない。つまり、市民の議論と議会による政治決定とが比較的つながっているのだ。

ドイツの選挙運動がわかりやすい。ドイツの中心市街地の広場に各政党が情報スタンドを立てる。広場は政党の見本市のような様相になる。見本市のよさは対面でコミュニケーションをとれることにあるが、選挙中の広場も同様だ。候補者や政党のスタッフがまちを歩く人々と直接議論を始めるのだ。

議論・意思決定・実行が連続するしくみ

驚くべきことに、ドイツの地方議員は無報酬であることがほとんどだ。逆に、職業として政治活動をしている人は、本書で登場する「○○大臣」に相当する人がそうなのだが、彼らはわざわざ名刺に「職業としての政治家」と書き込んでいる。

多くの地方議員は自分の仕事を持っているから、議会は平日の夕方から始まり、何よりも選挙にお金がかからない。だから筆者の知り合いには学生の市議もいる。職業にしてしまうと、つい「食い扶持」と議員活動を併せて考えてしまうことがあるが、無報酬だと純粋にまちを良くするために政治活動ができる。

選挙期間中に広場で議論する市民と候補者。社会と政治がつながっている

またエアランゲンでは、折にふれ多文化共生や環境問題、文化といった分野で市をあげての会議が行われることがある。注目すべきは参加者の顔ぶれだ。関心の高い市民やテーマに関係するフェラインのメンバー、商工会議所、企業、学術関係者、そして行政マン、政治家たちが参加している。つまり、あるテーマに関わる、まち中の関係者が一堂に会しているわけだ。

都市の課題をテーブルに書き込みながら、政治家、官僚、NPO、一般市民らがフリートーク

こうした様子を見ていると、無報酬の政治家たちは「まち」という名のグループの運営に関して、意思決定をしていく仕事を手弁当でしているといえる。行政マンはいわば「まち」の運営のための専従社員のようなものだ。市民も行政マンも政治家も社会の議論に参加し、そして政治家が意思決定を行う。行政マンがその決定を実現する。そんな役割分担が浮かぶ。

一方、日本では市民の議論は活発化してきた。しかし、そのアイデアを実現するには政治的決定が必要で、実現のための専門職（行政マン）の能力も求められる。昨今「協働（コラボレーション）」という言葉がよく使われるが、いかに議論（社会）・意思決定（政治）・実行（行政）の連続性をつくれるかがカギを握っている。

7

まちを誇るメンタリティ

1 9割の市民が自分のまちが大好き

市民のまちへの満足度を測る

「バイエルン州内の基礎自治体の政策は住民のニーズを満たし、全体的に満足度が高いです」と述べるのは、バイエルン州内の基礎自治体による団体「バイエルン自治体会議」代表のウヴェ・ブランドル博士。2013年10月、ニュルンベルク市（バイエルン州）で自治体向けの商品を扱う見本市と講演・会議を組み合わせた自治体メッセ「コムナーレ」が行われた。主催は同自治体会議によるもので、首長や行政マンなど2日間で5300人余りの来場者があった。

2年ごとに行われる自治体メッセ「コムナーレ」では、毎回、州の自治体が抱える課題が抽出され、またそれに合わせた講演や会議なども行われるが、2013年の開催時に発表されたフォルサ研究所による「市民と地域社会—バイエルン州内市町村の住民への意識調査結果」（次頁の表参照）が興味深い。州内1001人の有権者を対象に2013年7月に行われたもので、冒頭のブランドル博士の発言はこの調査に基づいたものだ。

この調査では、政治的な出来事に関して60％程度の住民が関心があると答えているが、情報源

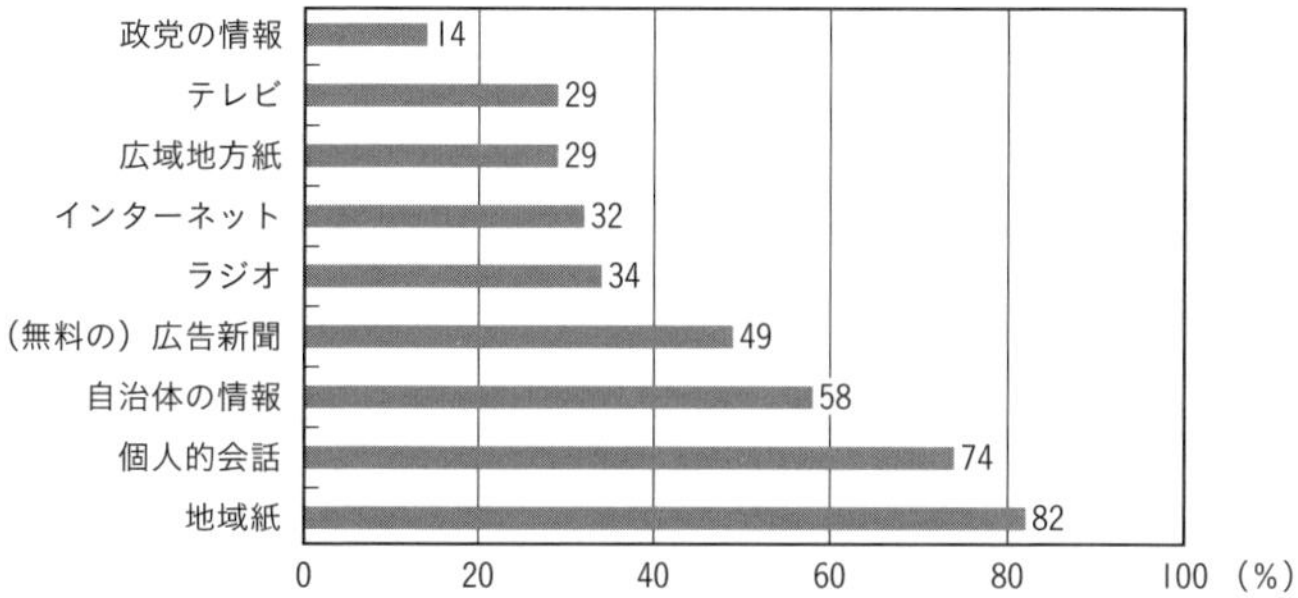

地域の出来事についての情報源

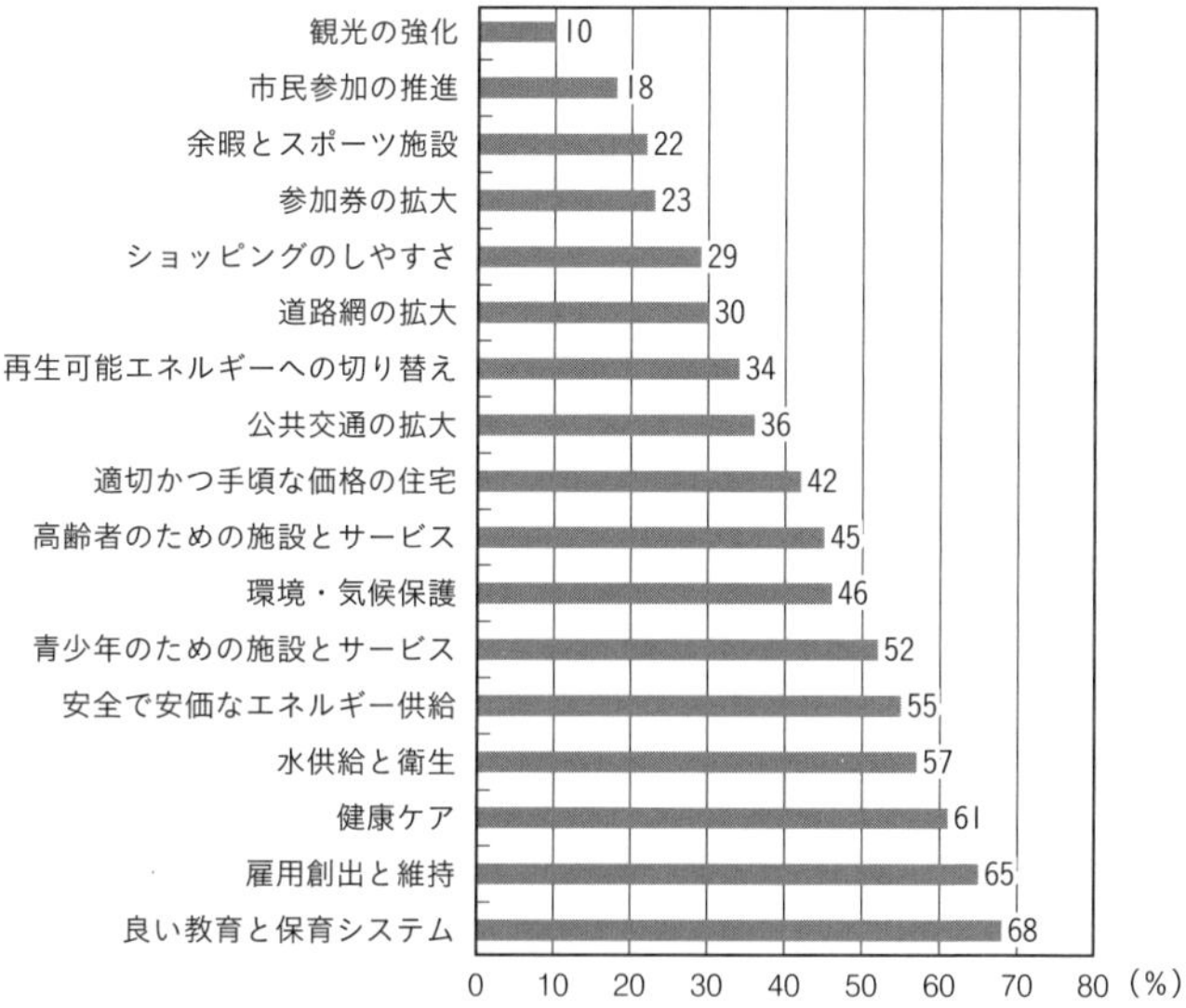

優先順位の高い課題

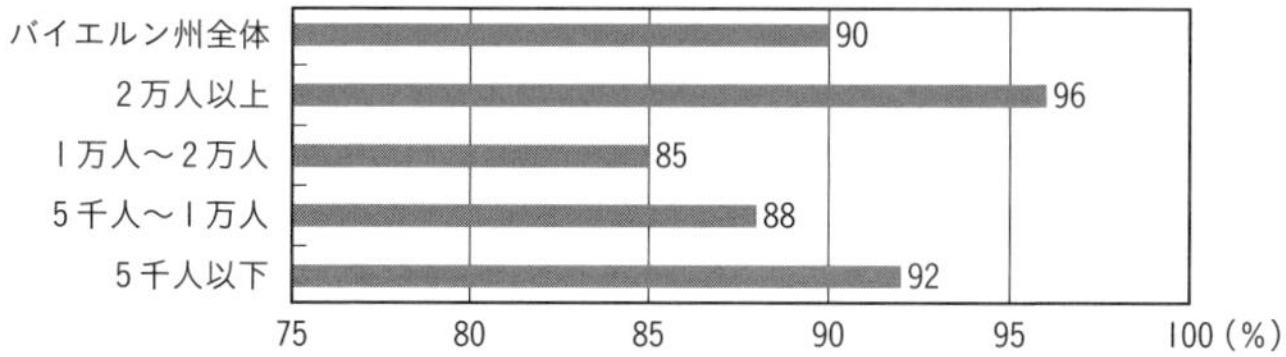

住んでいる自治体が好き

（3点ともフォルサ研究所による「市民と地域社会―バイエルン州内市町村の住民への意識調査結果」より作成）

自治体会議コムナーレにて。バイエルン自治体会議代表のウヴェ・ブランドル博士（左）

として大きいのがローカル紙（82%）。世界を見ると、実は全国紙よりもローカル紙が主流という国が多く、ドイツでも各地でローカル紙が発行されている（5章4節参照）。ネット全盛の時代、ドイツの新聞社も経営には腐心しているが、まだまだその健在ぶりが浮かび上がる。また、情報源として2番目に多いのは個人との会話で、政治に関する情報が対人コミュニケーションによって流通している様子が伺える。また3番目は自治体が発行する広報誌が政治的な出来事のソースになっている。

市民が最優先するまちの課題は教育

まちや地域には当然さまざまな課題があるが、優先順位のトップは「良い教育」。次いで「雇用市場の維持と創造」「健康」「安全で安価なエネルギー、上下水道」と続く。バイエルン州は教育レベルが高いとされるが、そのイメージと重なるような結果が出ている。

逆に優先順位が低いのは「ツーリズムの強化」と「市民参加の推進と参加権の拡大」だった。市民参加に対して優先順位が低いというのは少し意外かもしれない。しかし、市民の約半数が自治体の政治的意思決定に対して、自分たちの意向がすでに反映されていると感じているほか、そのための機会も十分あるとしている。さらに、市長や議員を決める選挙以外にも、住民投票など直接的な決定を希望しており、そういう機会があれば62%が必ず参加すると答えている。

以上の結果から、バイエルン州の住民は自分たちの住んでいる地域の政策に対して一定の信頼感を持っており、政治的決定への参加もある程度果たしていることがわかる。また地元メディアや住民同士のコミュニケーションを通して地域の政治的な出来事に関する情報が密に流通している様子が伺える。

調査結果では「自分たちのまちや地域に住むのが気に入っているか」という設問に対し、90%が「イエス」と答えている。ドイツ全国の平均75%を上回る。

2　ドイツの人々はなぜ地元を誇らしく思うのか

人口4000人の村が見せた、創設750年の誇り

エアランゲン市内南部にテンネンローエという人口4000人余りの小さな村がある。周囲に森や自然保護地区もある静かな村はもともと農業が中心で、19世紀には最大10軒の大農家があった。しかし、1970年代にエアランゲン市の一部になり、人口も増加。80年代にはハイテク関係の新規企業を支援するビジネス・インキュベーターがつくられ、以来、村の一角にはハイテク関連の企業や研究所ができる。音声データ圧縮技術のMP3は同村にあるフラウンホーファー研究所で開発された。

さて、2015年はこの村の創設750年という記念の年で、数々の記念プログラムが行われた。その一つとして農業の歴史をテーマにした展覧会が開催された。会場は森の中にある教育展示施設「森の体験センター」。オープニングセレモニーでは展覧会に関わった人たちのスピーチの後、じゃがいも、酪農、かつて生産していたタバコの葉に関する各5分程度の動画が上映された。スライドショーのように古い農業の写真が次々と映しだされ、そこにインタビュー音声がか

テンネンローエ村の入口に設けられた750周年記念の看板

森の体験センターで開催された地元の農業についての展示会

村の750年記念には1年間にわたりさまざまなプログラムが用意された。その中のハイライトの一つがパレード

ぶせられていた。上映中、会場から笑い声が起こったり、ざわつくこともあった。というのも、インタビューを受けて語っているのが、今もこの村に住む高齢者で、会場に集まっている人の中には知人が多いからだ。セレモニー後のビュッフェの手伝いをしていたある女性は村内で農業を営んでいるが、「あの動画で語っていたのは私の義理の母よ」と笑う。

展覧会場には古い農機具を中心に展示されている。いずれも村内の農家に残っていたものを出してもらった。馬車や農機具を引くための馬具の展示には原寸大の真っ赤な馬の模型が使われたが、それはエアランゲン市内にある課外教育機関「青少年アートスクール」に参加している子供たちによってつくられた。

地域の誇りはこうして生まれる

展覧会はきっちりつくられてはいるが、小ぢんまりしていて決して派手なものではない。遠くからたまたまエアランゲンに来た旅行者が、時間つぶしに展覧会を見ても、大して関心を払わないかもしれない。しかし村の人々が自分たちで小さなミュージアムの形にしつらえ、インタビュー動画をつくるということは、農業から見た村の歴史を確認し、そして再発見する行為にほかならない。

ドイツはそもそも連邦制で、地方分権型の国家だ。言い換えれば、各州、各都市、各自治体が強いアイデンティティを持っており、その集積として国が成り立っているといえる。19世紀には「愛郷心」という概念が活用される。ナチス時代には、国家主義を強化するためにも使われたため、やや複雑なものになったが、それでも各自治体には必ずといってよいほど、郷土保護のフェラインがある。また、質や規模は玉石混淆だが、地域の歴史や特徴を展示・解説するミュージアムを持っているところも少なくない。

もちろん、排他的な地元愛になってはいけないが、「地域の誇り」は重要だ。人々にとって地域の政治に参加する十分な動機になるであろうし、生活の充足感のみならず個人のアイデンティティを補完することにもつながるからだ。

3　郷土を守りたいという価値観

19世紀に生まれた郷土を守るムーブメント

我々はしばしば目の前に広がる木々や緑のありさまを「風景」として捉える。それを自分の心情と掛け合わせて言語化する技術が俳句などの言語芸術だが、我々は風景の芸術化のみならず、それを社会化・政治化することもある。とりわけドイツでは、郷土の風景は美しく守るべきものであるという価値観が人々の間で強く共有され、各地には郷土保護のフェラインがある。

郷土保護という概念が生まれたのは19世紀にまで遡る。この時代、急激な産業化に伴う自然破壊が進み、問題視された。その背景には、極端な合理化や物質主義的な文明に対する批判があり、人間と自然の間にあるべき本来の結びつきを強調する考え方、ロマン主義があった。

ベルリン音楽大学の教授エルンスト・ルドルフはこうした考えに基づく運動の主唱者で、1904年にはルドルフの主導で「ドイツ郷土保護同盟」がドレスデンで設立された。これに連動するかたちで、自然保護の規制や法律も次第に充実してくる。風景を価値あるものとして定義し、社会化、政治化していくこうしたムーブメントは環境問題の前史といえるだろう。

郷土の風景をつくるのは農業。夏場はサイクリングやピクニックでこの風景を楽しむ人も多い

かつて中心市街地に入るところに大きな門があったが、アメリカの占領軍が破壊。その門の跡を示すパネルはエアランゲン郷土歴史協会によるもの

市内の歴史的記念地にQRコードのついた説明パネルが2015年9月につくられた。スマートフォンなどで読み込むことで、より詳しい説明を閲覧できる

まちづくりやマーケティングの根底にある価値観

エアランゲン市にも「エアランゲン郷土歴史協会」というフェラインがある。1919年に「郷土保護と郷土学協会」として設立され、現在、会員が約800人いる。同協会はまちの景観をかたちづくる歴史的建造物の保全などを活動目的とし、出版活動も活発だ。事務所にあるライブラリーには、地域の歴史、個人や家族の歴史、文化、民俗、芸術に関するものを収集整理した資料が現在、1万5000冊ほど揃っているほか、看板、まちの絵葉書などの収集も行っている。イベントも精力的に行っている。エアランゲン市ができたころの「旧市街」の景観を保全しながら、歴史的魅力を高めるようなイベントを市営ミュージアムと協力しながら行っている。

郷土に対する愛着が強くなればなるほど、他者を排除する意識も強くなる。戦時中、「郷土保護」は国家主義に活用された経緯もあり、戦後はやや複雑な概念になってしまった。しかし、この概念は今日でもメディアや政策で扱われるテーマであり、ドイツでは美しい郷土を守るという価値観が今日まで強く共有されてきた。

たとえば「地産地消」の背景にも、郷土保護の考え方が含まれている。郷土の風景は実は農業によってできたものであり、地元農業の衰退を防ぐことは風景の維持につながるという考えだ。郷土保護という概念は現代のまちづくりやマーケティングにまで影響を与えていることがわかる。

4　多様性の追求とアイデンティティの共有

17世紀に遡る、外国人の社会的統合

２０１５年７月最初の週末、30℃を越す炎天下のなか、宮殿広場にはテーブルとベンチが並び、簡易舞台が設置された。２００６年から続くイベント「フランケンの日」だ。エアランゲン市周辺をフランケン地方と呼ぶが、同地方は１８０６年にバイエルン州に組み込まれた。「フランケンの日」はその２００周年を契機に始まった、地域の誇りを醸成するイベントで、毎年この地方内の自治体で開催する。

ドイツの各地には古くから郷土保護を掲げるフェラインをはじめ、郷土に関するさまざまな組織や活動、政策があるが、「フランケンの日」は比較的新しい。そのせいか、掲げられるテーマも興味深いものがある。２０１５年のテーマは「フランケン―伝統からの開放」である。

このテーマの背景は主に二つある。まず、外国から来た市民の社会的統合について継続的議論があること。二つ目はエアランゲン市の歴史を紐解くと、元祖・移民のまちという側面があることだ。

前述した通り、17世紀、信仰を禁じられたフランスのプロテスタント系の一派「ユグノー」をエアランゲン市は受け入れた。今でこそドイツ~フランス間を移動する人を「移民」とするのはピンとこないが、当時は宗派が違えば、隣町でもまるで外国、というような時代である。

ユグノーたちは、当時最先端のテクノロジーを持った手工業者集団でもあり、靴下や白い革製品などをつくっていた。彼らが移民としてやってきたことが、エアランゲンの経済発展につながった。そういった歴史を意識しながら、エアランゲンでは外国から来た市民の社会統合政策を精力的に行っているのだ。

「フランケンの日」当日のエアランゲン市街

多様な人々と「我々」意識を共有する

さて、フランケンの日では、バロック時代のフランケン地方の伝統的衣装のファッションショーや、「アメリカ人エアランゲン市民」の歌手によるジャズコンサートなども行われた。ほかにもオープニングでは40人ほどの外国人エアランゲン市民が自分のルーツの言語で舞台から挨拶をしたり、「フランケン・故郷・アイデンティティ」をテーマにパネルディスカッションなども行われ

「フランケンの日」に先立って記者会見が行われた。左からリヒャルト・バルトシュ氏(中央フランケン地区長)、フロリアン・ヤニック博士(エアランゲン市長)、ゲオルク・グラフ・フォン・マツュシュカ氏(オーガニゼーションチーム代表)

エアランゲンでは他地域からフランケン地方に集まってきた人々に焦点をあてた展覧会「フランケンのストレンジャー」が開催された

フランケン地方に焦点をあてた情報サイトもある。この地方の旗がデザインされたTシャツを着た同サイト運営者、クラウス・ヴォルフルムさん

た。また市内のあちらこちらにある「ユグノー」の痕跡を、解説を聞きながら回るまち歩きツアーや、中心部に建つフーゲンノッテ教会（ユグノーのドイツ語読みである）では「フランケンのストレンジャー」と題したパネル展覧会が行われた。これら一連のプログラムは外からどのような人がやってきたか、ということに焦点を当てている。

ところで身も蓋もない言い方をすると、地元の誇りの正体とは、感情だ。感情をもとに地元にまつわるイメージや言説を確立していく。あるいは地元に対して誇りを持ち、「我々」という意識につなげ、それを自分自身の拠り所として位置づける人も出てくる。そこで大切なことは、不寛容があってはならないということだ。不寛容は民族の純粋性の追求や外国人や外国にルーツを持つ人に対する差別につながるからだ。

一方、グローバル化が進むと、地域内に住む人々の人種や民族、国籍、ルーツも多様になる。それでも、居住している地域の人々と「我々」意識を共有し、地域の誇りを持つようになる。フランケンの日は、多様性の追求とアイデンティティの共有という現代社会の課題を問うている。

5 自立と連帯のメンタリティ

ドイツの日常に浸透している相互扶助

2011年3月の東日本大震災のニュースはドイツでも詳細に伝えられ、筆者自身はドイツの友人・知人から「日本の家族や友人は大丈夫か」と安否を気遣う電話などをたくさんいただいた。また、地震が発生した翌々日に行われたサッカーのブンデスリーガでは試合前に黙祷。選手たちは腕に黒い喪章をつけてプレーするなど、災害で亡くなった人に対する弔意の表現がさまざまなところで見られた。ところで、なぜ遠い海外の赤の他人をドイツの人はそこまで気にかけられるのか。正直、日本人の筆者には理解しがたいところがある。

こうした行動は日常生活でもよく見かける。たとえばバスが停留所に着いて、ドアが開く。ベビーカーを押すお母さんが降りようとしていると、すぐに近くの人が手助けをする。ドイツの多くのバスのドアは広く低床型。その上ドアが開くと車体が傾き、床と地上の段差がさらに小さくなる。それでも人はベビーカーを見ると手助けをするのである。筆者自身も数年前、1人でベビーカーを押してバスに乗ると、入口のそばの席の老人が、すっと立って席を譲ってくれたことが

2015年11月にパリで起こったテロに対する追悼集会。「連帯」と書かれた幕が掲げられ、寛容、デモクラシーの価値を再確認する

あって恐縮したことがある。マナーがよいとか、倫理観がしっかりしているとかというのではなく、明らかに困っている赤の他人に対して、自分ができることを手伝うという行動原理が確立している。

　この感覚は、実は「連帯」という言葉で言い表される。日本で連帯というと、労働運動などで使われがちだが、ヨーロッパではかなり一般的に使われる。たとえば、ドイツ国内のあるまちで水害などが起きると、「今こそ、連帯を」と募金が集まる。「貢献」とか「支援」ではなく「連帯」なのだ。対等のパートナーシップに基づく相互扶助というわけである。

連帯を基盤とした自立型社会

　こうしたドイツ人の行動原理の背景にあるメンタリティについて紹介したい。

　ドイツには協同組合銀行「ライファイゼン・フォルクスバンク」というものがある（4章1節参照）。名前の一部になっている、フリードリッヒ・ヴィルヘルム・ライファイゼン（1818

〜88年）は、19世紀に設立された信用組合の立役者の1人で、補完性原理、連帯、自己管理・自治、自助、自己責任、地域性といった信用組合の基本的な概念を説いた。こうした概念は、信用組合のみならず、ドイツ社会でよく使われている。

たとえば「補完性原理」（Subsidiaritätsprinzip）は意思決定や問題解決といったものをできるだけ小さい単位で行い、できないことがあれば、より大きなところで扱うという考え方。個人で解決できない課題があれば隣人で、それでも無理ならコミュニティでという具合だ。実はこれはドイツの自治体制度やEUの原理でもある。だから、コミュニティで課題解決が無理なら、自治体、州、連邦、EUというふうに上位へと場が移っていくわけである。また、補完性原理は各レベルでの「自己管理・自治」の能力がなければ成り立たない。自己管理は義務であると同時に権利で、その緊張感があってこそ補完性原理がうまく機能する。

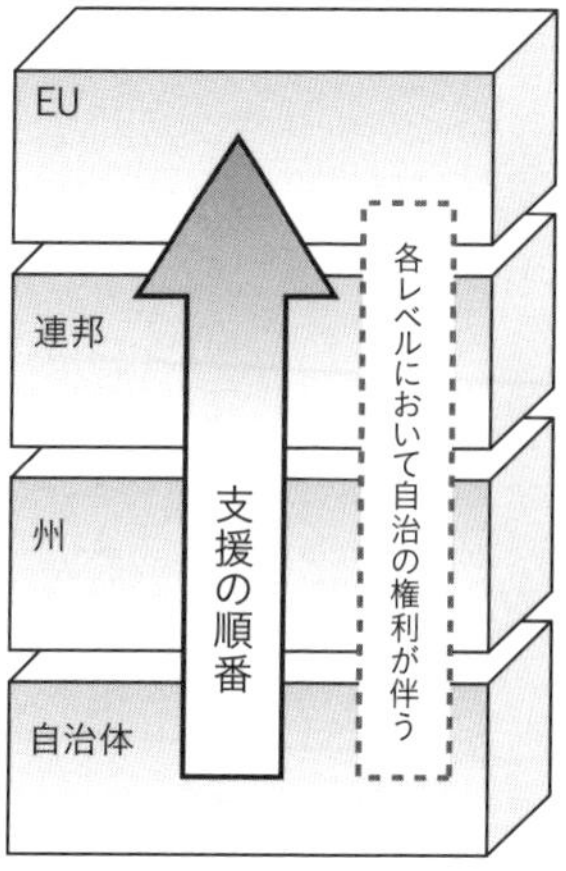

補完性の原理

さらにもっとなじみがあるのが、前述した「連帯」（Solidarität）だ。欧州は個人主義といわれるが、他の個人との関係は並列が原則。「連帯」とは他の個人と並列につながり助けあう行為を指す。「1人は万人のために、万人は1人のために」というライファイゼンの言葉があるが、これも連帯からきている。

連帯という概念の背景はキリスト教にある。教会に集まった人々は職業、性別、身分は関係なく、等しく神のもとに集う兄弟という考え方が、近代に入って宗教色が抜け、政治用語になる。連帯は社会保障や年金を成立させる基本的な概念であり、そもそも都市単位で諸制度が発達してきたドイツでは、セーフティネットを自分たちでつくり、支えてきた。こうした連帯の強さは社会やまちを強くすることにつながることはいうまでもない。

8

競いあい磨かれる、まちの価値

1　ドイツで最もクリエイティブな都市

都市のクリエイティビティを測る指標

ドイツでは、都市間の競争がさまざまなかたちで展開されている。言い換えれば、都市を評価する指標や調査が多数存在するということだ。

2010年に「ドイツのクリエイティブ・クラス」という調査が発表された（167頁の表参照）。この指標はアメリカの都市経済学者リチャード・フロリダ氏のもので、工業化のプロセスを経て、知識社会化した都市の成長力を見る指標だ。工業化の時代は労働者と資本があれば都市は発達したが、知識社会の時代はクリエイティブ層が都市発展のエンジンの一つになる。

創造性の指標になっているのが、「技術（テクノロジー）」「才能（タレント）」「寛容（トレランス）」。それに関わる人材がどのぐらいいるか、それにまつわる動きがどれぐらいあるかがポイントになる。

この三つの指標を見ていくと、まず「技術」はソフトウエアやエレクトロニック、バイオテクノロジー、エンジニアなどの人材を指す。さらに特許の数がどれぐらいあるかが問われる。さら

新しいカルチャーは、都市の創造性、新陳代謝の原動力
上：2000年を過ぎたあたりからアクション映画などで用いられるようになったパルクール。壁や階段など都市空間の地形を登り、走り、飛ぶ。エアランゲンでもグループができている
下：ブレークダンスのグループも生まれ、定期的に練習や大会が行われている

市営のギャラリー「クンストパレ(芸術宮殿の意)」。専門教育を受けたディレクターが定期的に刺激的な展覧会を企画。写真はある展覧会のオープニングパーティ。こういう場所・活動を通じて地方都市の文化資源が蓄積されていく

に起業数や産業界が研究分野にどれぐらい投資しているかということがポイントになる。

「才能」については、ＩＴ関係、数学者、物理学者、建築家、教育関係者、芸術家、デザイン、エンターテイナー、スポーツ、メディア関係の職業を指し、ほかにも学士号を持つ人材がヒューマンリソースとして指摘されている。

ユニークなのが「寛容」だ。「異なるもの」に対していかに受け入れられるだけの余裕があるかということだが、具体的には外国生まれの者、同性愛者、俳優、音楽家、監督、デザイナー、写真家、ダンサーなどを指している。

なぜ10万人都市が選ばれたのか?

ドイツのコンサルティング会社 agiplan が国内の４１３の郡と郡独立都市をこの手法で調査したところ(「ドイツ・クリエイティブ・クラス２０１０」)、ミュンヘン(2位)、シュトゥットガ

順位	郡・郡独立都市	TTT インデックス	テクノロジー・インデックス	タレント・インデックス	トレランス・インデックス
1	エアランゲン	3.16	4.43	4.41	0.65
2	ミュンヘン	2.80	2.18	2.97	3.25
3	ミュンヘン郡	2.37	3.38	2.88	0.84
4	シュトゥットガルト	2.35	2.49	3.15	1.42
5	シュターンベルク郡	2.34	2.78	1.46	2.77
6	ダルムシュタット	2.24	2.72	2.79	1.21
7	ハイデルベルク	2.02	1.47	3.01	1.59
8	ベルリン	1.95	0.14	1.40	4.32
9	イエーナ	1.83	2.12	3.80	− 0.44
10	ベーブリンゲン郡	1.73	3.63	1.46	0.10
11	アーヘン	1.70	1.61	2.08	1.41
12	ケルン	1.66	0.21	1.55	3.21
13	フライブルク	1.66	0.35	2.09	2.53
14	ハンブルク	1.52	0.39	1.18	3.00
15	ドレスデン	1.51	1.68	2.39	0.45
16	ボーデンセー郡	1.45	2.93	1.14	0.28
17	ウルム	1.44	2.22	1.51	0.60
18	オッフェンバッハ	1.43	0.89	1.91	1.49
19	フランクフルト	1.42	0.65	2.26	1.35
20	ヴァイマール	1.39	0.01	1.99	2.15

ドイツの郡および郡独立都市の TTT（テクノロジー、タレント、トレランス）インデックス（ゲイ指数は入っていない）
（コンサルティング会社 agiplan による「ドイツ・クリエイティブ・クラス 2010」をもとに作成）

ルト（4位）、ベルリン（8位）といった大都市をおさえてエアランゲンが1位に輝いた（前頁の表参照）。同市は人口10万。クリエイティブ層は雰囲気や環境が良く、国際的でオープンな都市を好む。こうした条件は大都会の専売特許に思われがちだが、調査を見ると、自治体の競争力は決して自治体規模では計れないことがうかがえる。

ではなぜ、10万人都市がトップになったのだろうか。そもそも大学町ということもあるが、一言でいえば、三つの指標のバランスとそれらを効果的に組み合わせる都市運営が鍵になりそうだ。たとえば、ベルリンなどは創造的な空間はたくさんあるだが、それをバックアップする資金が不足している。またアメリカの調査では、クリエイティブな人が集まると他の才能ある人も集まってくるとされているが、ドイツではそうでもない。

エアランゲン市のポイントを詳細に見ると、アーティスト数のポイントは141位、寛容ポイントは55位。これに対して市の文化大臣ディーター・ロスマイスル氏は、「同市の家賃が高いことが影響している」と分析。音楽家のシュテファン・ポエチュ氏は「同市は安定していて、特別に（文化的・社会的な）火が燃えている状態ではないから」と言う。

自治体の間にさまざまな格差は当然あるが、競争力は規模の格差と比例するわけではない。

2 都市間競争を加速させる多彩なコンクール

環境先進国をドライブする多様なコンクール

ドイツといえば環境先進国というイメージを持っている人も多いだろう。昨今はエネルギー問題が注目されがちだが、20年前くらいに環境政策に注力し始めた頃は、ゴミのリサイクルも大きな課題として扱われることが多かった。紙のリサイクルもその一つだ。ＩＴの普及で、ペーパーレスの実現がいわれたが、なかなかそうもいかない。

エアランゲン市では２０１４年に「再生紙に友好的な都市」のトップに輝いた。これは複数企業による産業同盟である「イニシアティブ・プロ・リサイクルペーパー」と連邦政府の環境・自然保護・建築・原子炉安全省（以下、環境省）、ドイツ都市協会などのパートナーシップによって２００７年から行われている都市間コンテストで、92都市の中で1位になった。

このコンテストでは学校、行政、家庭内で再生紙を使用し、それによってエネルギーや水、二酸化炭素がどの程度削減されたかを数値化する。エアランゲン市は２０１３年、水２１０万リットル、エネルギー約45万１０００キロワットアワー、二酸化炭素1万２０００キロを削減した。

ちなみにエコ認証マーク「ブルーエンジェル」のついた再生紙の場合、バージンペーパー（非再生紙）に比べると、最大、水70％、エネルギー60％まで削減できるという。

ところでこのコンテストを見ると、かつてドイツ国内で行われていた自治体の環境問題に対する取り組みを競う「環境首都コンクール」を思い出す。いや、そればかりではなく、「太陽電池が普及するまち」や「自転車にやさしいまち」といったさまざまな都市間コンクールがドイツにはある。もともと地方分権型のドイツは都市経営の手法が発達してきたが、特に19世紀後半から20世紀前半には都市間競争が動機になり、ガス、水道、電力といった近代的なインフラなどを各都市で充実させていった歴史がある。それに連動するかのように、都市の全体像を明確にしていくための統計制度なども整ってきた。

都市が競いあうことで、国の課題達成率を高める

経済分野も同様で、企業にとって事業を行う地域としてどれほど価値があるかという視点から、商工会議所や経済専門紙、シンクタンクなどが都市の計測を行い、ランキングを発表することもしばしばだ（次頁の表参照）。このように他都市と比べる慣習が都市を独自に発展させる動機になっている。

一方、都市間の競争は結果的に国全体にも影響を及ぼしている。たとえば「再生紙に友好的な

	郡独立都市	郡も含めたランク
「未来のチャンス」トップクラス	ミュンヘン	2
	ダルムシュタット	4
	ハイデルベルク	6
「未来のチャンス」極めて高い	エアランゲン	7
	シュトゥットガルト	8
	ヴォルフスブルク	9
	レーゲンスブルク	10
	フランクフルト	11
	マインツ	13
	インゴルシュタット	14
	ウルム	17
	デュッセルドルフ	18
	ハンブルク	20
	フライブルク	21
「未来のチャンス」高い	イエーナ	24
	ブラウンシュヴァイク	25
	オッフェンバッハ	28
	カールスルーエ	29
	ランダウ	31
	アーヘン	32
	ヴュルツブルク	33
	ヴィーズバーデン	34
	ボン	36
	ミュンスター	38
	ローゼンハイム	40
	ケルン	41
	バンベルク	42
	トュービンゲン	43
	ラントシュート	45
	コーブルク	47
	レバークーゼン	49
	フルト	50

経済紙ハンデルス・ブラット紙とシンクタンク・プログノスが共同で行った「未来へのチャンス 2004」のランキング（ベスト 50 の郡独立都市のみ抽出）。
439 の郡、郡独立都市を「人口統計」「労働市場」「競争とイノベーション」「経済的豊かさと社会福祉の状況」の 4 分野 29 項目で評価。エアランゲン市は全体で 7 位、郡独立都市のみでは 4 位。ちなみにベルリンは 262 位

都市」コンテストに参加している自治体では紙使用量の平均82％が再生紙を用いているという。授与式では連邦政府環境省のディトマー・ホーン氏が「このプロジェクトの成功の秘訣は、ポジティブな意味で自治体がお互いに測定することにある」と述べている。ある課題を設定し、それを都市ごとに競いあい、国全体として課題の達成率を高めていくということがある種、手法化しているのがうかがえる。元気な地方都市の総体が元気な国をつくるという構造が、ドイツにはある。

3　差別化できなくなった「環境都市」というブランド

選ばれるまちに必要な付加価値の高め方

地方分権型国家であるドイツの都市には、地域の付加価値を高めなければならないという強迫観念めいたものがある。これが、独自の経済政策や文化政策などにつながっていくわけだが、実は環境政策も自治体の魅力や強みとして推進されている部分がある。たとえば日本で「環境都市」としてよく知られるフライブルクは、ある時期から視察にやってくる人たちが急増した。

エアランゲン市は90年代後半から医療技術に特化した経済政策が奏功し「医療都市」として知られているが、その前は「環境都市」としても知られていた。というのも、当時の市長、ディトマー・ハールベーク博士が80年代から「グリーン・イン・エアランゲン」といった自然保護政策や自転車道の整備を進めたからだ。こうした取り組みで「ドイツ環境支援協会」が行うコンクールで「環境首都」の称号を二度獲得している。ただ今日では、多くの都市がさまざまな環境政策を展開し、エアランゲン市はトップテーマを「医療都市」にシフトした。そのため環境面での存在感はそれほど突出したものではなくなったが、現在も環境政策は続けられている。

「環境政策も都市の質を高める大切な要素」と述べる、エアランゲン市の環境大臣マレーネ・ヴュストナー氏

環境都市の遺伝子を現代に引き継ぐ

近年注力しているのが二酸化炭素削減と環境教育だ。二酸化炭素削減は学校や公共施設へソーラーパネルを設置するプロジェクトなどを中心に進めており、その発電量は、国内10万人以上の都市で常に上位5位以内に入っている。

１９６０年代以前に生まれた世代は、現在の環境制度の整備を同時代の問題として体験してきたが、それ以後の世代にとっては、物心がついたときから諸々の環境制度ができあがっていた。この制度を維持し、健全に機能させていくには環境教育が必要だ。エアランゲン市では２００７年に同市で集中的に取り組む年間キャンペーンで環境問題を取りあげたが、次の年から環境賞を設置。服の生産過程を調べるなど、若者による環境プロジェクトに対して贈られる賞で、環境意識を高めるのに一役かっている。

１９８０年代初頭に実施された年間キャンペーン「グリーン・イン・エアランゲン」の遺伝子は今も健在だ。もともとまわりをぐるりと森で囲まれたようなエアランゲン市は77平方キロメートルの面積のうち森が35平方キロメートルを占める。これだけでも緑豊かなまちであることがわかるが、さらに道路などの公共空間に4万5000本の木が植えられている。2002年のまちの1000年記念年には1000本の木が植えられた。また、エアランゲン市では直径80センチを超える樹木を切る場合、同市の認可が必要で、伐採後、新たに木を植えなければならないと法律で定められている。緑化率を下げないためだ。

緑豊かな街路

緑は環境問題のみならず、くつろぎや余暇の場を生みだし、まちに潤いを与え、生活の質を高める。

エアランゲン市の環境大臣マレーネ・ヴュストナー氏は「環境政策は明らかに都市の付加価値の一つ」と述べる。環境問題は21世紀の都市のブランディングに不可欠な要素だが、今後、その差別化が問われることになる。

4 「医療都市」に生き残りをかけた経済戦略

ドイツのトップ5に選ばれた医療都市

2010年、連邦政府の教育研究省による「トップ・クラスターコンテスト」で五つの地域が選ばれた。

受賞した五つのうち一つが「メディカル・バレー」。このクラスターは、ニュルンベルク市を中心に周辺の自治体が連携した広域行政体「欧州メトロポリタン地域ニュルンベルク」で展開されている。同地域内で医療都市を目指しているのがエアランゲン市。メディカル・バレーの中核だ。

医療都市を目指すきっかけは、東西ドイツの統一にまで遡る。1989年、ベルリンの壁の崩壊後、旧東ドイツの開発ブームなどを受けて、エアランゲンの経済も好調だった。しかし、やがて景気は収束し、同時に市内の労働市場も縮小。いくつかの老舗企業が倒産するほどの打撃を受けた。

そこで、当時の経済局長（後の市長）シーグフリード・バライス博士が、企業の従業員の代表たちで構成する組織と一緒に、3年にわたって市内の経済力のポテンシャルを探る調査を行った。浮かび上がってきたのが、健康と医療分野だった。もともと、同市には大学があり、戦後はグローバル企業のシーメンス社の一拠点にもなった経緯がある。1986年にはバイエルン州や商工会議所などが中心となって、ハイテク関係のビジネス・インキュベーター（孵化器の意）がつくられるなど、開発やハイテクという部分ではベースがあった。シーメンス社も体内を検査するMRIなどの最先端医療機器の開発部署を同市においていた。

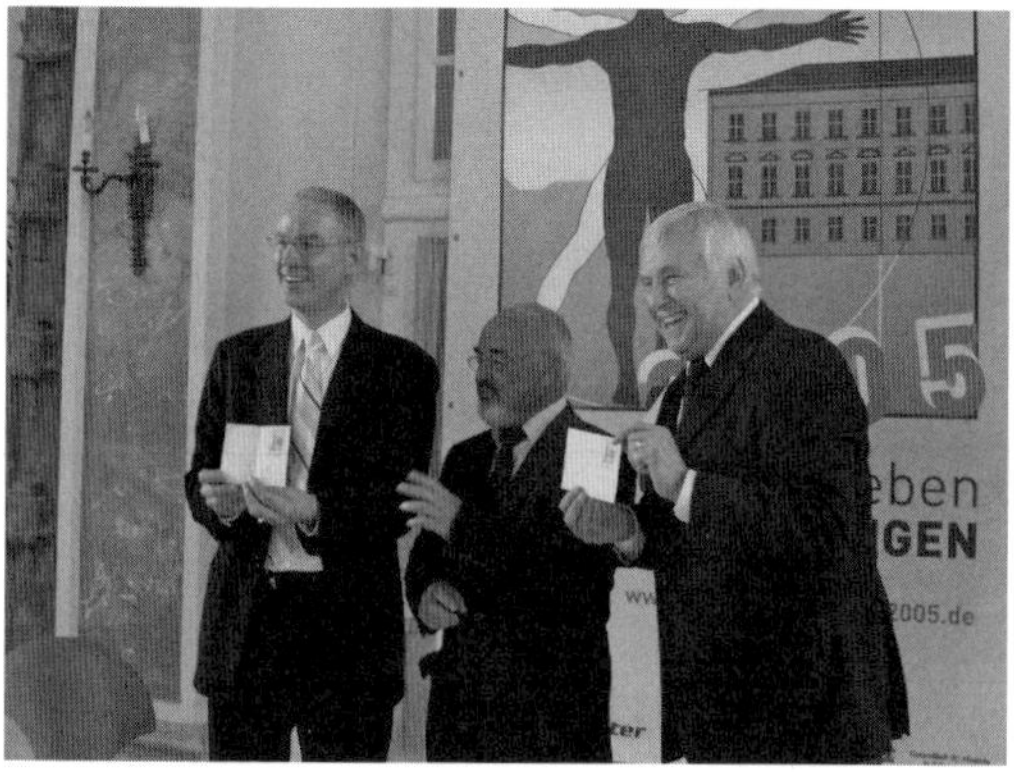

2005年のアクションイヤー「健康・エアランゲン」の記者会見。左端がバライス市長（当時）

　1996年に経済局長だったバライス氏が市長戦に出馬し、当選する。そして打ちだした政策が、「医療都市」だった。そこへ州もハイテク関係に力点をおいた政策を展開しはじめ、エアランゲンもそれに加わった。

100以上の医療ベンチャーが誕生

　その後、投資環境なども整備され、エアランゲン経済のマーケティング会社などがつくられる。こうした取り組みが奏功し、96年以降、100以上の医療分野の起業があり、なか

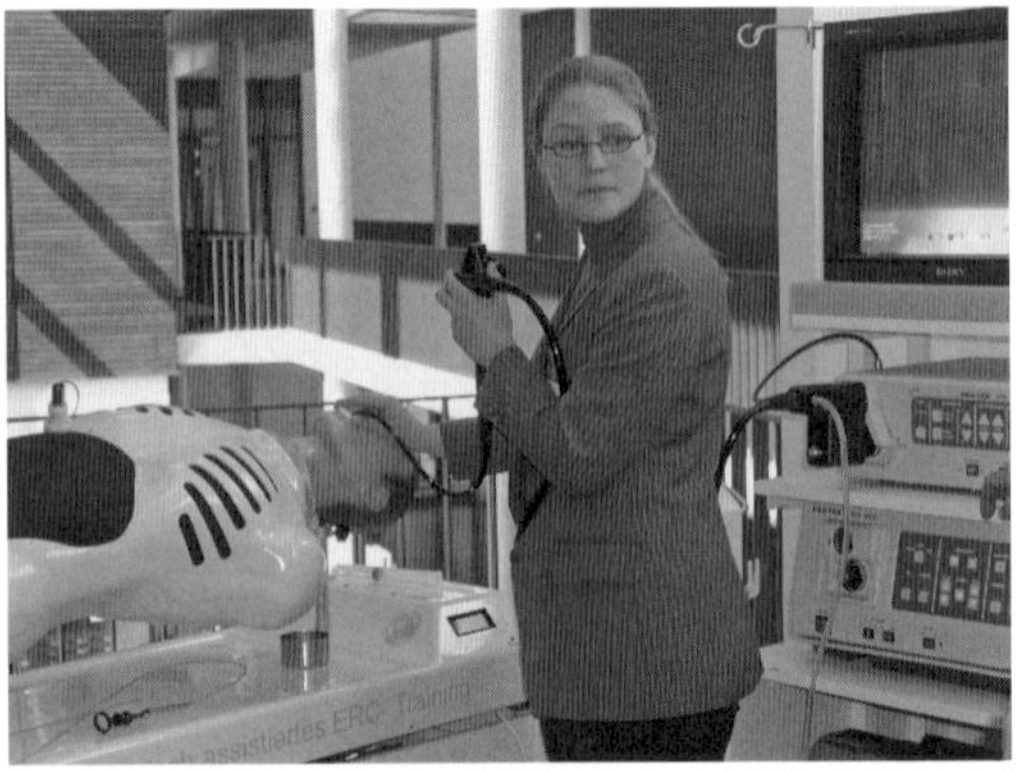

医療行為の訓練を行う装置を開発した医療ベンチャーのプレゼンテーション

には世界的に展開している会社もある。とりわけ、２００３年にできた医療ベンチャー専門のビジネス・インキュベーター「メディカル・バレー・センター」は医療都市の象徴的存在だ（4章4節参照）。２００７年には、エアランゲン周辺地域を包括した支援組織「メディカル・バレー欧州メトロポリタン地域・ニュルンベルク」が設立されている。

１９９９年と２００５年には市全体で医療技術や健康をテーマにしたアクションイヤーを実施した。「研究や経済に特化したものではない。市民も一緒に行う」と、当時の市長バライス博士は述べている。地元紙もパートナーとして協力し、健康分野の技術などを紹介するコーナーを長期間設けた。

また、２００５年の1月から7月にかけて70のプログラムが用意された。特に予防に重点をおき、2月に行われた「Talking Eyes-and-more」では目から糖尿病や脳溢血、心臓発作のリスクの高さについてチェックできる最新の検査機で無料検査を行った。また企業や学校で数多くのスポーツイベントなどが行われた。この時に協力したのがスポーツ・フェラインだ。市の政策に対して関連のフェラインが力を発揮し、行政とのコラボレーションが実現する好例だ。こういった取り組みを通して、市民の中で「エアランゲン＝医療」という雰囲気が醸成されていった。

これまでも述べてきたように、ドイツのまちは鳥瞰的な視点から全体を把握し、経済から文化、教育、福祉まで充実させていこうとする傾向が強い。加えて、まちのイメージを明確につくりあげようとする。換言すれば、もともとクラスター政策を展開しやすい体質だといえよう。ドイツでは、まちそのものをスキャンするかのように経済力のポテンシャルを調べあげ、選択した分野に集中的に産官学が取り組んでいる。

5　まちの価値を決めるクオリティ・ループ

都市の質を決める要素とは

今日、魅力的な都市は、大都市ではなく、国際的な都市だ。国際的な都市は寛容性が高く、それぞれの世代や趣向に応じたグループが生まれ、そこで互いに刺激を受けることにつながると、リチャード・フロリダは指摘する（『クリエイティブ資本論』２００８年）。

エアランゲンはこれまで見てきたように、メディアやシンクタンク等が実施するいずれの調査でも、ベルリンやフランクフルトといった大都市よりもポイントが高く、上位にランキングされている。

たとえば「ドイツ・クリエイティブ・クラス２０１０」では、ベルリンは寛容性が高いが、それをバックアップする資金が少ないと分析されている（8章1節参照）。つまり、単純に寛容性が高いだけでは決して都市の創造性につながるわけではないということであり、複数の要素が有機的に連携してはじめて都市の質を高めることができる。

ではエアランゲンの都市の質を支えている要素は何か。それを具体的に示すのが、前述したニユルンベルク商工会議所によるアンケート調査「立地調査２００７（IHK-Standortumfrage 2007）」だ（4章5節参照）。バイエルン州には七つの行政管区があるが、北西部にミッテルフランケンという行政管区がある。ミッテルフランケンはエアランゲン市をはじめとする五つの郡独立都市と七つの郡からなる。

分類	評価項目
ハード立地要因	鉄道輸送への接続 その他の輸送インフラ（空路、水路） 地価、賃貸料 事業スペースの空室状況 公共交通機関 市場やパートナーとの近接性 コミュニティ内アクセシビリティ 交通の接続
ソフト立地要因	経済状況 隣人との関係 対外的イメージ 居住環境、治安 生活の質
行政	地方税のレベル 認可手続きの期間 営業税 環境規制 行政サービスの方向性
人材・研究・教育	技術移転、大学の協力 適切な労働力の利用可能性 職業教育・継続教育の質

ニュルンベルク商工会議所による「立地調査 2007」の評価項目とその分類（分類は筆者による）

この行政管区を管轄するニュルンベルク商工会議所は２００７年に地区内の企業６０４社を対象にアンケート調査を行った。アンケート内容は、自治体内の交通や教育機関などのインフラ、許可申請のスピードや税制といった企業に対する行政のサービス、生活の質などを評価するものだ（上表参照）。

この調査でもエアランゲン市が１位にランキングされた。この調査はいわば企業から見た経営環境としての自治体の評価であるが、これらの要素が同市の「都市の質」を実現しているといえる。

さらに考察しなければならないのは、これらの項目がどのように関連しあっているかということだ。というのも、職業教育・継続教育の質を高めなければ、良質の労働力の創出は難しい。良質の労働力があったとしても労働市場が小さければ、よその地域へ職を求めて出ていってしまう。雇用を維持・拡大するには、自治体は企業にとって必要な交通インフラなどの諸条件を整える必要がある。

このアンケート調査はあくまでも企業にとって、魅力のある地域の条件を表しているが、この各項目がどういうつながりをつくっているのかを次に見ていきたい。

行政と企業の連携が生みだすクオリティ・ループ

企業がエアランゲンに拠点を立地する要因は、ハードとソフトに分けられる。ソフト要因としては、経済状況、隣人との関係、対外的イメージ、居住環境、治安、生活の質が分類できるが、ある意味これらすべての項目は「生活の質」と捉えてもよいだろう。

生活の質を実現するさまざまな要素は、行政が政策として取り組むのはもちろんだが、これまで見てきたように、行政がすべて抱え込んでいるわけではなく、フェラインなどの非営利組織が無償、あるいは安価なコストで実現しているケースが多い。また、行政が主導で行うときも、財政的負担をすべて行政が担うわけではない。たとえばエアランゲンでは複数の文化系フェスティバルが開催されるが、必ず地元の企業がスポンサリングしている。また、市内では多くのスポーツ・フェライン[i]が活動しているが、彼らの活動を支えているのも企業のスポンサリングだ。フェラインのグラウンドには数多くの地元企業の広告が並び、スポーツイベントもやはり、企業などからのスポンサリングを受けて実施されている。つまり、広告目的にせよ、社会貢献にせよ、企業からの財政的な支援があるから、大掛かりな文化活動やスポーツ活動が継続できているわけだ。

企業が拠点を立地する際にソフト要因の充実を見るのは、従業員の居住環境を充実させることが、自らの事業の発展に必要だからだ。

たとえばエアランゲンに拠点を置くシーメンス社やエアランゲン大学などで働く優秀な20〜30代の若者がfacebookに自らの日常生活について投稿する内容は、スポーツイベントに参加したり、パーティを楽しむ写真などが散見される。企業が優秀な人材を獲得するためには、日常生活を充実させる環境がいかに整っているかが重要だ。

以上のことから見えてくるのは一つの循環系だ。

まず、行政やフェラインが文化・スポーツの環境を充実させようとする。その実現のために、行政の予算のほかに企業が広告・社会貢献名目で支援する。そうやって実現された環境は優秀な人材にとって、余暇を楽しみ、コミュニケーションの機会を増やすことになる。優秀な人材が集

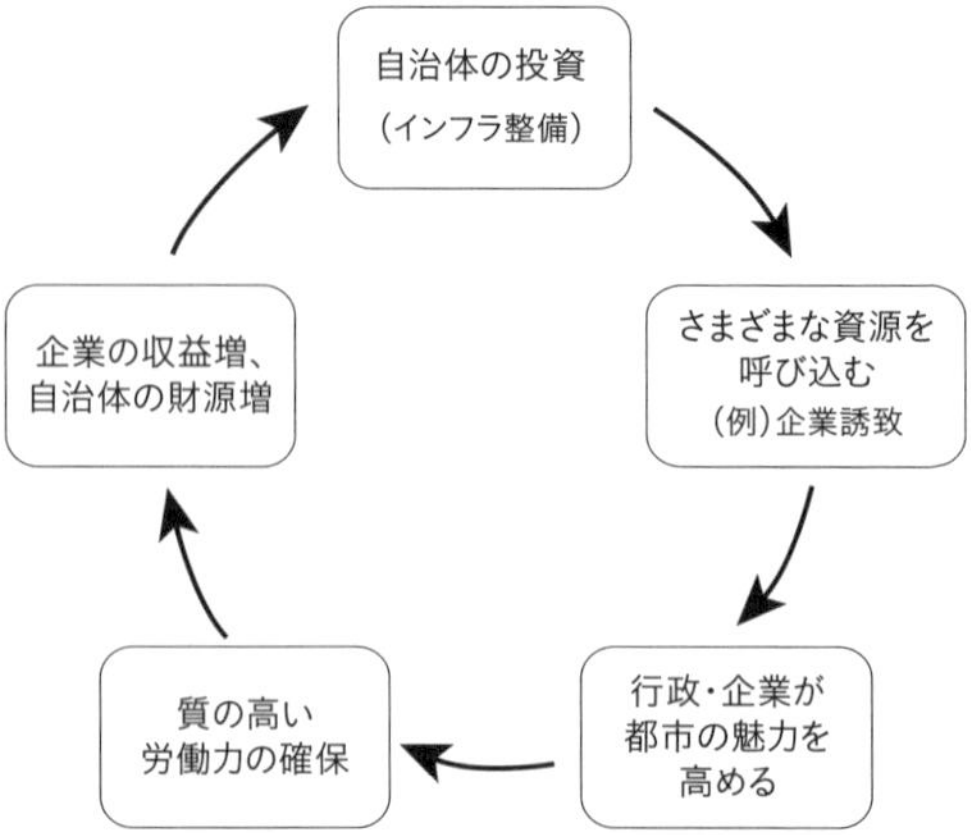

都市の質を決める「クオリティ・ループ」（筆者作成）

まれば、企業にとって新たなビジネスチャンスが生まれる。それによって企業の収益が伸びると、継続的に文化・スポーツをはじめ、福祉や教育といった方面へも利益を分配、つまりスポンサリングを継続することが可能になる。

加えて、ドイツでは営業税という地方税がある。事業所の収益に準じて課税されるもので、自治体が賦課率を設定できる自主財源だ。この営業税は各自治体にとって大きな課題となっている。というのも、連邦政府によって制度が改変されたり、景気の動向に左右されるほか、自治体間の格差も生じやすいからだ。しかし、自治体にとっては企業誘致のインセンティブになっている面がある。つまり、企業が増え、さらに企業の業績が伸びることで財源が潤う。そして自主財源であるがゆえに交通インフラや教育、文化、福祉など、企業が立地を決める要因になる環境にさらに投資ができる。それによってさらに企業誘致の条件が向上する。

エアランゲン市が複数の調査でトップクラスにランキングされる本質的な理由は、こういった行政と企業の連携の循環が比較的スムーズに機能していることによるものではないだろうか（上図参照)。筆者はこれを「クオリティ・ループ」と名づけている。

ではなぜ、エアランゲンのクオリティ・ループはスムーズに機能しているのだろうか。たとえば自治体の戦略としての政策の機能性、プレイヤーである機関や人材の豊かさが挙げられる。また、居住地と職場がほぼ同一地域にあるドイツでは、従業員の居住地の質を高めることが、質の高い労働力の確保につながり、企業の収益を伸ばすことに直結しやすいこと。さらに、ドイツには問題解決の背景に「社会的」といった概念や価値観などを共有していること。これらがクオリティ・ループを機能させる要因だと言える。このようなクオリティ・ループがいかに機能しているか、それが都市の質を決める。

おわりに──お喋りな都市に宿る創造性

都市とは完成形ではなく永遠のベータ版だ。そしてその質を維持・向上し続けるしくみの解明を試みたのが本書である。都市のアップデートが可能なのは創造性によるところが大きい。では都市の創造性とは何かというと、自由に意見を交わし、課題や価値をオープンにし、そして実際の取り組みにしていく「自治の力」とでもいうものが核になっているように思う。エアランゲンに住んでいると、カフェやフェライン、広場などでものすごく言葉が溢れているように感じるが、これが「自治の力」の源泉なのだろう。

よくドイツは日本と似ているといわれるが、その背後にあるものはかなり異なる。だから外国人の私が、ドイツのことを伝えることは常に「歴史的・社会的文脈」「意味」「表現」の検討が必要で頭を悩ませる。ドイツの取り組みを表面的に日本に導入しようとしても、劣化コピーで終わってしまう可能性は高い。しかし、一つの地方都市のメカニズムを見ることで、日本の地方でも自治のあり方そのものを議論する材料にはなる。身近な例を挙げれば、お喋りのかたちから考え直すことだ。誰と、どこで、どんな価値を重視し、どんな関係をつくりながら我々はお喋りをしているのかと。おそらくそこから「自治の力」が生まれてくるのではないか。

最後に謝辞を記しておきたい。本書は月刊誌『monthly 信用金庫』での連載がベースになっている。執筆機会をつくって下さった編集者・森山佳代さんの入稿時の的確なコメントはいつも励みになった。学芸出版社の宮本裕美さん、山口祐加さんはこの連載をうまく「リミックス」して下さった。また最終章に関しては池上惇先生(京都大学名誉教授)から多くの示唆を受けている。さらにエアランゲン市のウテ・クリアー(Frau Ute Klier)さんには統計類・公式データなどを揃える時にお世話になった。最後に何かと応援してくれている妻・アンドレアにも感謝したい。

2016年7月

ドイツ・エアランゲンにて　高松平蔵

本書は、一般社団法人全国信用金庫協会発行『monthly 信用金庫』の連載「クオリティ・シティをめざせ ドイツ・エアランゲン発 地域再生力のヒント」の左記の掲載号の文章を改稿し再構成したものです。

2009年5、6、7、8、9、12月号
2010年1、2、3、4、9、10、11、12月号
2011年2、3、4、7、8、10月号
2012年1、3、4、5、6、7、9、11、12月号
2013年3、6、7、9、10、11月号
2014年1、2、3、7、11月号
2015年1、2、6、7、8、10月号
2016年2、3、4、6月号

高松平藏（たかまつ・へいぞう）
ドイツ在住ジャーナリスト。1969年奈良県生まれ、京都の地域経済紙を経て、1990年代後半から日独を行き来し始める。2002年からエアランゲン市に拠点を移し、現在に至る。一時帰国のたびに大学や自治体などを対象に講演活動を行っているほか、同市でもセミナープログラムを行っている。著書に『ドイツの地方都市はなぜ元気なのか　小さな街の輝くクオリティ』（学芸出版社、2008年）、『エコライフ　ドイツと日本どう違う』（化学同人、2003年、妻・アンドレアとの共著）。
ウェブサイト「インターローカル・ジャーナル」
http://www.interlocal.org/

ドイツの地方都市はなぜクリエイティブなのか
質を高めるメカニズム

2016年 9月 5日　初版第1刷発行
2017年 3月30日　初版第3刷発行

著　者…………高松平藏
発行者…………前田裕資
発行所…………株式会社 学芸出版社
京都市下京区木津屋橋通西洞院東入
電話 075-343-0811　〒600-8216
装　丁…………赤井佑輔（paragram）
印　刷…………イチダ写真製版
製　本…………新生製本

ISBN978-4-7615-1364-1